GÖPPINGER ARBEITEN ZUR GERMANISTIK

herausgegeben von

Ulrich Müller, Franz Hundsnurscher und Cornelius Sommer

Nr. 7

Untersuchungen zur Thematik und Struktur der Dramen von Max Frisch

von

Adelheid Weise

VERLAG ALFRED KÜMMERLE

Göppingen 1972

Kieler Dissertation

1. Auflage 1969
2. Auflage 1970
3. Auflage 1972

Verlag Alfred Kümmerle, Göppingen 1972
Druck Polyfoto - Dr. Vogt KG, Stuttgart
ISBN 3-87452-012-9
Printed in Germany

832
F917zw

G l i e d e r u n g

B. Das Bild des "entfremdeten" Menschen

   1. Der Begriff der Entfremdung

      a) Der Begriff der Entfremdung im Marxismus
      b) Der Begriff der Entfremdung aus der Sicht
         des Existentialismus
      c) Der Begriff der Entfremdung als Identitäts-
         verlust bei Max Frisch

   2. Die Darstellung der Entfremdung in den Dramen
      von Max Frisch

      a) Die Entfremdung als Spaltung in eine intel-
         lektuelle und eine bürgerliche Existenz
         aa) Santa Cruz
         ab) Graf Öderland

      b) Die Entfremdung des Intellektuellen
         aa) Don Juan oder die Liebe zur Geometrie
         ab) Die große Wut des Philipp Hotz

      c) Die Entfremdung des Bürgers
         aa) Biedermann und die Brandstifter
         ab) Andorra

      d) Die Identitätssuche als Überwindung der
         Entfremdung
         aa) Biografie

C. Zusammenfassung:
Die Umschreibung der Existenzerfahrung des Dichters in der Darstellung von Entfremdung und Identitätssuche des Menschen im 20. Jahrhundert.

II. D i e   F o r m   d e r   D r a m e n

Die Kommunikation von Dichter und Gesellschaft
im Modell

A. Das Modell als Deutung der Welt des 20. Jahrhunderts

   1. Raumstruktur
      Die Bühne als Spielfeld des Bewußtseins

    a) Die theatralischen Mittel: Bild und
       Sprache
    b) Die Kompensation von Bild und Sprache

   2. Zeitstruktur
      Die Zeitstruktur als Spiel mit dem Be-
      wußtsein

    a) Die Zeitmontage
    b) Die Wiederholung

   3. Personendarstellung
      Die Personen als Spielfiguren des Be-
      wußtseins

    a) Die Person als Sinnbild und Spielobjekt
    b) Die Person als Maske und Marionette

B. Die Theaterprobe als Ausdruck der Vieldeutigkeit der Welt

   1. Die Variationen des Modells
      Die Neufassung von Theaterstücken als
      Ausdruck einer Suche

    a) Die verschiedenen Fassungen des "Graf
      Öderland"

2. Die Dramaturgie der Variationen
    Die Entwicklung der Dramenform als Ausdruck
    einer Suche

  a) Biografie. Ein Spiel.

C. Das "Überspielen der Rampe" als Aufforderung zum
Mitdeuten der Welt

   1. Die Gestalt des Speilleiters
       Die Vermittlung zwischen Stück und Publikum

     a) Der Dichter Pedro in "Santa Cruz"
     b) Der Heutige in der "Chinesischen Mauer"
     c) Der Feuerwehrchor in "Biedermann und
        die Brandstifter"

   2. Die Form der Publikumsanrede
       Das Publikum als Partner dis Dichters

     a) Die Publikumsanrede in "Biedermann und die
        Brandstifter"
     b) Die Publikumsanrede in "Die große Wut des
        Philipp Hotz"
     c) Die Publikumsanrede in "Andorra"

 D. Zusammenfassung:
 Die Mitteilung der Existenzerfahrung des Dichters
 durch die Gestaltung der Suche im Modell.

III. D a s   Z i e l   d e r   D r a m e n

     Das Bewußtwerden der Entfremdung im "Lehrstück
     ohne Lehre"

A. Die "Belehrung ohne Lehre" bei Max Frisch im
Gegensatz zur "Lehre" bei Bert Brecht

  1. Die dramatische Dichtung als Kritik an der
    Wirklichkeit

     a) Aufgabe der Kritik: Veränderung
     b) Thema der Kritik: Entfremdung
     c) Form der Kritik: Verfremdung

  2. Die dramatische Dichtung als gesellschaft-
    liche Lehre bei Bert Brecht

  3. Die dramatische Dichtung als existentielle
    Suche bei Max Frisch

B. Zusammenfassung:
Die Erprobung der Existenzerfahrung des Dichters
als Suche nach der künstlerischen Identität.

E̲i̲n̲l̲e̲i̲t̲u̲n̲g

Aufgabe und Stellung des dramatischen Dichters
in der Gesellschaft des 20. Jahrhunderts

Die Erneuerung des deutschsprachigen Theaters
nach dem zweiten Weltkrieg nimmt seinen Ausgang vom
Züricher Schauspielhaus. Während zur Zeit des Nationalsozialismus auf den deutschen Bühnen jede moderne
Entwicklung zum Stillstand kommt, wird die Stadt Zürich zu einem Sammelpunkt der emigrierten Theaterleute und Schriftsteller. Sie erheben das dortige
Schauspielhaus als letzte "freie" deutschsprachige
Bühne zu einem Zentrum der modernen Dramatik (1).
Mehrere Stücke von Bert Brecht und Georg Kaiser erleben in Zürich ihre Uraufführung (2). Ebenso werden
hier die jungen Theaterautoren Amerikas und Englands:
Thornton Wilder, O'Neill, Tennessee Williams, Chri-
stopher Fry und T.S. Eliot, sowie die französischen
Existentialisten Jean Paul Sartre und Albert Camus
zum ersten Mal einem deutschsprachigen Publikum vorgeführt (3).

Während das deutsche Theater der Weltliteratur
verschlossen bleibt, haben die in der Schweiz lebenden Schriftsteller Gelegenheit, sich sowohl mit den
Traditionen der expressionistischen und epischen Dramatik auseinanderzusetzen, als auch die neuesten Strö-

---

1) Zur Bedeutung des Züricher Schauspielhauses während des zweiten Weltkrieges vgl. Henning Rischbieter: Das deutschsprachige Theater, in: Welttheater, Braunschweig 1962, S.9ff

2) Uraufführungen von Brecht: 1940/41 Mutter Courage,
   1942/43 Der gute Mensch von Sezuan, 1943/44 Das
   Leben des Galilei; Uraufführungen von Kaiser:
   1940 Der Soldat Tanaka, 1944 Zweimal Amphitryon

3) Erstaufführungen von Th.Wilder: 1938/39 Unsere kleine Stadt, 1943/44 Wir sind noch einmal davongekom-
   men; weitere Angaben vgl. H.Rischbieter a.a.O.S.16

mungen des modernen ausländischen Theaters kennenzu-
lernen. In dieser Atmosphäre internationaler Theaterarbeit empfängt der Züricher Autor Max Frisch die ersten Anregungen für sein dramatisches Werk. Seine Be-
wunderung für Bert Brecht und Thornton Wilder veranlaßt ihn dazu, sich zunächst dem epischen Theater zuzuwenden. Doch auch die Dramatik des Expressionismus
nimmt Einfluß auf seine Arbeit. Schließlich gibt die
Beschäftigung mit der existentialistischen Philosophie
seinem Werk eine entscheidende Wendung und führt ihn
zu der Entwicklung eines neuen Dramas.

In der vorliegenden Arbeit soll das bis jetzt
veröffentlichte dramatische Werk des Schweizer Autors
Max Frisch untersucht werden. Es umfaßt zehn Theaterstücke, die in dem Zeitraum von 1945 bis 1968 urauf-
geführt wurden.

1. Santa Cruz   1946   (1)
2. Nun singen sie wieder   1945
3. Die Chinesische Mauer   1946   1955
4. Als der Krieg zu Ende war   1949   1962
5. Graf Öderland   1951   1956   1961
6. Don Juan oder die Liebe
   zur Geometrie   1953   1961
7. Biedermann und die Brand-
   stifter   1958   1958
8. Die große Wut des Philipp
   Hotz   1958
9. Andorra   1961
10. Biografie   1968

---

1) Die Stücke werden in ihrer chronologischen Reihenfolge aufgeführt: erstes Datum: Uraufführung, weitere Daten: Neufassungen.

Parallel zu diesen Dramen entwickelt Max Frisch
in Tagebuchnotizen, Aufsätzen und Reden die Theorie
seines Theaters. Im Mittelpunkt steht die Frage nach
Aufgabe und Stellung des dramatischen Dichters innerhalb der modernen Gesellschaft. Max Frisch bemüht
sich um eine der politischen Situation der Nachkriegs-
zeit gerecht werdende Haltung. Er vertritt den Typ
des "Intellektuellen", der als "interessierter Zeit-
genosse" (1) sich mit den gesellschaftlichen Problemen auseinandersetzt, ohne in sie einzugreifen. Er
ist bemüht, die Wirklichkeitserfahrung des heutigen
Menschen durch Darstellung auf dem Theater ins allgemeine Bewußtsein zu heben. Auf diese Weise, so hofft
er, wird die Bühne zu einem Ort der geistigen Auseinandersetzung von Dichter und Gesellschaft. Für die
Untersuchung des Theaters von Max Frisch ergeben sich
aus dieser Dichtungstheorie vier verschiedene Aspekte:

1. der literar- soziologische Aspekt:
   Wie sieht Max Frisch das Verhältnis von Dichter
   und Öffentlichkeit, und welche Funktion soll sein
   Theater innerhalb der Gesellschaft erfüllen?
2. der philosophische Aspekt:
   Welche Weltanschauung liegt dem Werk zugrunde und
   wie wirkt sie sich auf das Menschenbild aus?
3. der formal-ästhetische Aspekt:
   Welchen Einfluß hat die Dichtungstheorie auf die
   Struktur der Stücke und wie verläuft die formale
   Entwicklung?

---

1) Auf die Besonderheit des Schriftstellertypus von
   Max Frisch als einem "intellektuellen Staatsbürger
   und Zeitgenossen" weist Hans Bänziger hin in seinem Werk: Frisch und Dürrenmatt, Bern 1967 (3.Aufl.),
   S.39

4. der <u>literar-historische</u> Aspekt:

Welche Stellung nimmt das Theater Frischs innerhalb der deutschen Dramatik des 20. Jahrhunderts
ein, und wie verarbeitet der Dichter die literarischen Einflüsse, die den Beginn seines dramatischen Werkes bestimmen?

Entsprechend dieser Problemkreise ist die Arbeit
in vier Teile gegliedert:

1. In der Einleitung wird die Dichtungstheorie des
   Autors dargelegt an Hand seiner Tagebuchnotizen,
   Reden und Aufsätze (1).
2. Das erste Kapitel enthält eine Analyse der Thematik, die von der Auseinandersetzung mit der gesellschaftlichen Wirklichkeit und dem daraus gewonne-
   nen Menschenbild bestimmt ist. Durch eine Interpretation der einzelnen Dramen (2) wird die stufenweise Entwicklung der Thematik deutlich gemacht.
3. Das zweite Kapitel gilt einer Untersuchung der
   formalen Struktur der Stücke, die die Forderungen
   der Theorie und der Thematik widerspiegelt.

---

1) Für die wichtigsten Reden und Aufsätze, sowie das
   Tagebuch, werden folgende Abkürzungen benutzt:
   Tb - Tagebuch 1946-1949, Frankfurt 1950
   R - "Öffentlichkeit als Partner", Ges.Reden und
        Aufsätze, Frankfurt 1967
   Iv - "Noch einmal anfangen können", Interview mit
        Dieter E.Zimmer, Die Zeit, 22.12.1967,
   W - Werkstattgespräch mit Horst Bienek, in: Werk-
        stattgespräche, München 1965, S.23-28
2) Den Interpretationen liegt die endgültige Buchaus-
   gabe im Suhrkamp-Verlag, Frankfurt 1962, zugrunde.
   Auf frühere oder spätere Fassungen wird besonders
   hingewiesen. Für das Zitieren der Stücke werden fol-
   gende Abkürzungen benutzt:
   I - Stücke I.
        Santa Cruz, Nun singen sie wieder, Als der
        Krieg zu Ende war, Die Chinesische Mauer,
        Graf Öderland.
   II - Stücke II.
        Don Juan oder die Liebe zur Geometrie, Bieder-
        mann und die Brandstifter, Die große Wut des
        Philipp Hotz, Andorra.
   B - Biografie. Ein Spiel. Frankfurt 1967

4. In einem dritten Kapitel schließlich soll ein Vergleich gezogen werden zwischen Frischs Dramatik und
dem Lehrtheater Brechts. Dabei wird sich zeigen,
wie Max Frisch, der unter dem Einfluß Brechts sein
dramatisches Werk beginnt, eine Entwicklung durch-
läuft, die ihn vom epischen Theater fortführt zu
einer eigenständischen existentialistischen Dramatik.

A. <u>Das Drama als Ausdruck der Existenzerfahrung des
Dichters</u>

"Schreiben heißt: sich selber lesen" (Tb 22),
so definiert Max Frisch seine schriftstellerische
Tätigkeit.

Schreiben ist ein abenteuerliches Unternehmen,
man setzt sich seiner Erfahrung aus ..., man versucht, sich auszukundschaften (Iv).

Am Anfang des Schaffensprozesses steht für Max Frisch
der Wunsch, persönliche Erfahrungen durch die Darstellung ins Bewußtsein zu heben. Schreiben bedeutet für
ihn, sich auf die Suche begeben nach dem eigenen Ich.

Gemeint ist mit diesem "Ich" jedoch nicht das
Individuum Max Frisch. Gemeint ist vielmehr das intellektuelle Bewußtsein des Dichters, das in der Lage
ist, die Probleme und Spannungen seiner Zeit zu erfassen und dadurch die Situation des heutigen Menschen
an der eigenen Person zu erleben. Die persönlichen
Erfahrungen des Dichters sind ein Spiegelbild der
Existenzerfahrung des modernen Menschen. Max Frisch
sieht sich als Träger eines allgemeinen Zeitbewußt-
seins und bemüht sich, sein Wissen durch dichterische
Gestaltung erkennbar zu machen.

Die Suche des Dichters erweist sich damit als
eine Bewußtseinsforschung. Sie gilt der Existenzerfahrung des Menschen in der Zeit. Als die "Domäne" der
Literatur bezeichnet Frisch:

... alles, was Menschen erleben: Geschlecht, Technik, Politik als Realität und als Utopie, aber in
Gegensatz zur Wissenschaft bezogen auf das Wesen,
das erlebt, ... (Iv).

Der Dichter sieht sich als ein Forscher der inneren
Welt (1). Sein Untersuchungsobjekt ist nicht die Wirklichkeit, sondern die Wirklichkeitserfahrung des Menschen.

> Ein Grundzug der neueren Literatur ist das For-
> scherhafte, ihr Thema die Wahrheitsfindung, der
> Mensch vor neuen Wirklichkeiten ... (Der) Schrift-
> steller ... ist Forscher in einer Suche nach der
> Wirklichkeit ..., (einer Suche) nicht in Richtung
> auf die Welt, sondern in Richtung auf das Ich (2).

Bei dieser Erforschung des Menschen und seiner
Situation in der heutigen Zeit erkennt der Dichter,
daß die menschliche Existenz bedroht ist durch eine
Fixierung des Bewußtseins. Im "Zeitalter der Reproduk-
tion" (3) ist der Mensch in Gefahr, die unmittelbare
Erlebnisfähigkeit zu verlieren. Er formt sich sein
Weltbild aus mittelbaren Erkenntnissen, die Zeitung,
Radio und Fernsehen ihm liefern, und versäumt es, die
Wirklichkeit an sich selbst zu erfahren. Das Ergebnis

---

1) Otto Mann weist in seinem Aufsatz "Weltanschauliche
   Grundlagen der gegenwärtigen Situation des Dramas",
   DU 5 (1953) S.5ff, auf den philosophischen Charak-
   ter der modernen Dramatik hin. Er definiert das
   Drama seit der Romantik als "Lebensausdruck des
   Menschen in der Zeit" und betont den subjektiv-
   existentiellen Wesenszug der Lebenserfahrung des
   modernen Dichters. - Ebenso hebt Viktor Lange in
   "Ausdruck und Erkenntnis", Neue Rundschau 1 (1963)
   S. 93-108, den Erkenntnischarakter der modernen
   Dichtung hervor. Das Bewußtsein des Dichters trägt
   dazu bei, "den Ort des Menschen in einer abstrakten
   Welt zu bestimmen und zu konstruieren".

2) Max Frisch: Ich schreibe für Leser, Dichten und
   Trachten des Suhrkamp Verlages 24 (1964), S.14ff

3) Max Frisch verwendet den Begriff "Zeitalter der
   Reproduktion" in seinem Roman "Stiller", Frankfurt 1954, S.244, um die Mittelbarkeit der Existenzerfahrung des Menschen im 20. Jahrhundert zum Ausdruck zu bringen. - Vgl. dazu Hans Mayer: Anmerkungen zu "Stiller", in: Dürrenmatt und Frisch, Pfullingen 1963, S.42f

ist eine Verschlossenheit gegenüber der Umwelt. Statt
sie auf sich einwirken zu lassen und sich ein eigenes
Urteil zu bilden, tritt er ihr mit fremden Meinungen,
mit Vorurteilen, gegenüber. Dadurch ist das Bewußtsein,
das der Mensch von sich und seiner Zeit besitzt, fixiert. Der Verlust einer eigenen Wirklichkeitserfahrung
läßt ihn sich selbst und seiner Umwelt gegenüber fremd
werden: er lebt in "Entfremdung" (1).

Die Erkenntnis der Bedrohung der menschlichen
Existenz versetzt den Dichter in Angst. Er erfährt
das Wissen um das Sein des Menschen in der heutigen
Zeit als etwas Beunruhigendes, "Dämonisches", das ihn
zum künstlerischen Ausdruck treibt. War zunächst der
Erkenntniswille des Dichters als Antrieb zum Schreiben
genannt worden, so zeigt sich nun, daß die Angst vor
dem Erkannten das dichterische Bedürfnis verstärkt.
Max Frisch sieht in der Angst des Wissenden einen der
ursprünglichsten Antriebe des Künstlers:

> Ich schreibe ... möglicherweise aus jener Angst,
> die schon die Höhlenbewohner zu Bildnern machte:
> man malt die Dämonen an die Wand seiner Höhle, um
> mit ihnen leben zu können (R 84).

Daneben aber erfährt der Dichter sein Wissen als eine
Verantwortung gegenüber der Gesellschaft, denn die Erkenntnis der Gefahren, in denen der Mensch sich befindet, verpflichtet ihn dazu, die Gefährdeten zu
warnen. Er schildert die Bedrohung der menschlichen
Existenz, um sie der Gesellschaft ins Bewußtsein zu
rufen. So veranlassen einerseits die Angst, andererseits das Verantwortungsgefühl den Dichter dazu, der
Öffentlichkeit seine Erfahrungen mitzuteilen.

"Öffentlichkeit als Partner" (R 56), so lautet

---

1) Der Begriff der Entfremdung bei Max Frisch im Vergleich zu den marxistischen und existentialistischen Definitionen wird an anderer Stelle noch genauer zu untersuchen sein. Vgl.Kap.I.B.

der bezeichnende Titel einer Rede (1), in der Max
Frisch sich mit der Frage befaßt, welche Haltung
der heutige Dichter gegenüber der Gesellschaft einnimmt. Durch seine Erfahrung sieht er sich in eine
ungewollte Isolation gedrängt. Allein mit seinen
Erkenntnissen und seiner Angst sucht er nach einem
Partner, dem er sich mitteilen kann. Das Bedürfnis
nach Kommunikation veranlaßt ihn dazu, sich der Öffentlichkeit anzuvertrauen.

> Man gibt Zeichen von sich ..., man schreit aus
> Angst, allein zu sein im Dschungel der Unsag-
> barkeiten ... Man hebt das Schweigen, das öf-
> fentliche, auf im Bedürfnis nach Kommunikation
> (R 59).

Die Partnerschaft des Dichters mit der Öffentlichkeit findet auf zwei verschiedenen Ebenen statt:
sie ist einerseits eine Fiktion des Autors, andererseits eine Realität, die über die Wirkung der Dichtung entscheidet. Während Max Frisch die fiktive
Partnerschaft als eine Voraussetzung für sein Werk
ansieht, hält er die reale Kommunikation mit der Öffentlichkeit für das Ziel seiner Dichtung.

Der Schriftsteller beginnt seine Arbeit damit,
daß er sich ein Publikum erfindet, für das er schreibt
(2). Ein kritischer Autor wie Max Frisch sucht sich
einen ebenso kritischen Partner, der ihn durch Fragen
und Einwände zu einer möglichst präzisen Formulierung
seiner Aussage herausfordert. Beim Schreiben führt er
ein erdachtes Streitgespräch mit seinem Publikum und
gewinnt aus dieser Diskussion geistige Anregungen
für sein Werk. Frisch definiert seine fiktive Beziehung zur Öffentlichkeit als eine Gegenseitigkeit,
die ihn vorantreibt:

---

1) Rede zur Eröffnung der Frankfurter Buchmesse 1958
   (R 56-67)

2) Frisch analysiert die verschiedenen Möglichkeiten
   einer fiktiven Partnerwahl und ihre Wirkung auf
   den Stil des Dichters in seiner Rede "Öffentlichkeit als Partner" (R 64ff).

... eine Gegenseitigkeit, die mich widerlegt von
Satz zu Satz und bindet, so daß ich mich wieder
befreien muß und die mich nach jeder Befreiung
wieder in Frage stellt und mich eben dadurch zur
Reife treibt ... (Ich werde) getragen von einem
Partner, der mich durchschaut, so daß ich ihm al-
les zu sagen habe, soweit meine Sprache je reicht
(R 66).

Während die fiktive Partnerschaft dem Dichter
als Vorlage für seine Arbeit dient, geht seine eigentliche Bemühung dahin, eine reale Partnerschaft mit
der Öffentlichkeit herzustellen.

Jedes Kunstwerk hat es in sich, daß es wahrge-
nommen werden will (R 59),

bekennt Max Frisch. Er möchte ein reales Publikum an-
sprechen und von ihm verstanden werden. Ziel seiner
Dichtung ist es, durch die Gestaltung seiner Existenzerfahrung der Gesellschaft die eigene Wirklichkeit
ins Bewußtsein zu rufen.

Wenn ich mich öffentlich aussetze, tue ich's, um
etwas zu erfahren, und vielleicht erfahren sich
andere dadurch auch (Iv).

Die reale Partnerschaft sieht der Dichter dann erfüllt,
wenn seine Existenzsuche das Publikum zu einer eigenen
Wirklichkeitserfahrung anregt und damit zu einer Überwindung der Entfremdung beiträgt.

Die Kommunikation des Dichters mit dem Publikum
findet im Theater ihren gültigen Ausdruck:

Das Theater im Gegensatz zur Lyrik, bezieht sich
immer auf eine Gesellschaft. Schon äußerlich. Es
braucht keineswegs eine bejahte Gesellschaft zu
sein, aber eine, die sich stellt. In der Schweiz
zum Beispiel ist es nach wie vor das Bürgertum ...
Der Stückschreiber, um sich entzünden zu können,
muß wissen, wer im Parkett sitzt ... Das Theater
ist eine politische Anstalt, es setzt eine Polis
voraus, die sich bekennt. Theater ist Auseinandersetzung mit einer Gesellschaft, die ihr Bekenntnis
lebt oder korrumpiert (W 35).

Im Theater hat der Autor Gelegenheit, seine Partnerschaft mit der Öffentlichkeit zu erproben. Aus diesem Grunde zieht Max Frisch die dramatische Gattung der
epischen oder lyrischen vor. Er möchte dem realen Pu-

blikum gegenüberstehen, um zu erfahren, ob seine Vorstellung von der Gesellschaft die Wirklichkeit trifft,
so daß die Öffentlichkeit sich angesprochen fühlt und
die Partnerschaft antritt. Im Theater zeigt es sich,
welche Haltung der Dichter gegenüber der Gesellschaft
einnehmen muß, damit er Kontakt gewinnen kann zur Öffentlichkeit (1).

B. **Das Drama als Auseinandersetzung des Dichters mit
der Gesellschaft.**

Die Partnerschaft von Autor und Publikum setzt
das Vorhandensein einer etablierten Gesellschaft voraus. Weiß der Schriftsteller nicht, an welche Öffentlichkeit er sich wenden soll, weil sie sich nicht zu
einer Gesellschaft formiert hat, so fehlt ihm die
Grundlage für eine zeitgültige Dramatik.

Als Beispiel für eine Dichtung ohne Gesellschaft
führt Max Frisch die Situation des Theaters in Deutschland nach 1945 an:

> Welche Gesellschaft soll ein deutscher Stückeschrei-
> ber sich zum Partner nehmen, nachdem die bürger-
> liche Gesellschaft, die Brecht mit der Dreigroschen-
> oper noch benutzen konnte, im Nationalsozialismus
> sich selbst begraben hat, ohne daß eine andere Ge-
> sellschaft - und wäre es nur als Entwurf - daraus
> hervorgegangen ist (W 35).

---

1) In dem Werkstattgespräch mit Horst Bienek bekennt
sich Max Frisch zu einer Vorliebe für das Theater:
"Ich ziehe, als Schreiber und als Zuhörer, das
Theater vor: ich möchte das Publikum sehen, dabei-
sein beim Zusammenprall von Werk und Publikum.
Das ..., was mich am Theater lockt: die unverborge-
ne, sichtbare, öffentliche Konfrontation eines
Werkes mit seiner Zeitgenossenschaft". (W 35)
Obwohl die Romane des Dichters: Stiller, Homo Fa-
ber, Mein Name sei Gantenbein - sehr viel größere
Anerkennung fanden als seine Theaterstücke, bemüht
Max Frisch sich immer wieder um die dramatische
Form. Vgl. dazu Eduard Stäuble: Max Frisch. St.Gal-
len, 1967, S.98ff

Der Mangel an einem Partner veranlaßt die deutschen
Schriftsteller dazu, sich zunächst nach 1945 zumeist
der Lyrik und Prosa zuzuwenden (1). Erst Ende der
fünfziger Jahre, in der Zeitspanne also, in der die
Gesellschaft der Bundesrepublik sich wieder zu festi-
gen beginnt, bildet sich eine neue deutsche Dramatik
heraus: das Dokumentationstheater (2). Diese Entwicklung dient Max Frisch als Beweis dafür, daß der Dramatiker die Wechselwirkung mit der Gesellschaft für
die Darstellung seiner Existenzerfahrung braucht.

Ebensowenig kann ein Schriftsteller, der die
Partnerschaft mit der Öffentlichkeit ablehnt und
sich auf einen a-politischen Standpunkt zurückzieht,
ein Drama schreiben, das die Erfahrung der Zeit widerspiegelt und die Gesellschaft anzusprechen vermag.

Im sogenannten "Züricher Literaturstreit", der
im Anschluß an eine Rede von Emil Staiger über "Literatur und Öffentlichkeit" entstand (3), hatte Max
Frisch Gelegenheit, diese These mit besonderer Deut-

---

1) Diese These der "Gesellschaftslosigkeit" des deutschen Schriftstellers nach 1945 vertritt auch Walter Jens in seinem Aufsatz "Der Schriftsteller
und die Politik", in: Literatur und Politik, opuscula 8, Pfullingen 1963, S.7ff: "Der Schriftsteller kann sich weder als Repräsentant einer bestimmten Klasse fühlen noch als Repräsentant einer Nation ... Der deutsche Schriftsteller unserer Tage...
von keiner Klasse beauftragt, von keinem Vaterland
beschützt, mit keiner Macht im Bund, ist in der
Tat ein dreifach einsamer Mann. Doch gerade diese
Stellung inmitten der Pole, die Bindungslosigkeit,
eben läßt ihn - eine ungeheure, einzigartige Chan-
ce - so frei sein wie niemals zuvor".

2) Vgl. Günther Rühle: Versuche über eine geschlossene Gesellschaft, Theater heute 10 (1966), S.8-12

3) Die Rede wurde am 17. Dez. 1966 anläßlich der
Verleihung des Literaturpreises der Stadt Zürich
gehalten. Eine Dokumentation des "Züricher Litera-
turstreites" erschien in der Zeitschrift "Sprache
im technischen Zeitalter", 22 (1967). Analysen zu
dem Streitgespräch wurden in Heft 26 (1968) der
gleichen Zeitschrift, sowie in einem Bericht von
E. Jaeckle "Der Züricher Literaturschock", München
1968, veröffentlicht.

lichkeit zu vertreten: Emil Staiger beklagt sich
darüber, daß die moderne Literatur in ihrer über-
wiegenden Mehrheit amoralisch, nihilistisch und zersetzend sei und erhebt die Forderung, die Literatur
müsse der Gesellschaft ein heiles Leitbild dichten.
Diese Forderung empfindet Max Frisch als eine Ver-
kennung der wechselseitigen Beziehung von Schriftsteller und Gesellschaft. Frisch vertritt den Standpunkt, daß der Dichter aus der Auseinandersetzung
mit den zum Teil sicherlich amoralischen und men-
schenunwürdigen Realitäten den Stoff für seine Dichtung beziehe. Nicht er ist es, der nihilistisch und
zersetzend auf die Welt einwirkt, sondern die politische Wirklichkeit veranlaßt ihn dazu, die Gefahr
zu beschreiben, in der die Menschheit sich befindet.

> ... ich denke ... an die Problematik, der sich
> jeder Schriftsteller von einigem Ernst ausgesetzt
> sieht: eine Sprache zu erarbeiten, die wieder et-
> was besagt, die unseren Erfahrungen in dieser Epo-
> che standzuhalten vermöchte, die unsere Skepsis
> nicht einfach beurlaubt, um politisch sich geben
> zu können, und die ... vor Realitäten nicht zu
> erröten braucht, die einzubeziehen wagt, was sie
> zu überwinden hofft: die Kloake und die licht-
> scheuen Räume (R 147).

Dichtung als Vorbild schließt eine Partnerschaft mit
der Öffentlichkeit aus, da sie die wichtigste Voraussetzung, die Gestaltung eines gültigen Zeitbewußt-
seins, nicht erfüllt.

> Wer auf eine Bühne tritt ... steht in der Zeit und
> hat sich dieser Zeit bewußt zu sein (R 145).

Der Dichter muß sich in der Wirklichkeit enga-
gieren. Die Frage lautet nur, welcher Art sein Engagement sein soll. Frisch unterscheidet zwischen
einem ideologischen und einem politischen Standpunkt
des Dichters und führt Brecht auf der einen Seite,
Büchner auf der anderen Seite als Beispiel an.

Das Engagement Bert Brechts gilt der marxi-
stisch-leninistischen Auffassung von Geschichte
und Gesellschaft, die auf eine Veränderung der sozialen Verhältnisse in der Welt zielt. Mit seinem
Theater versucht der Autor zunächst, im Publikum
den Wunsch nach einer Umgestaltung der Gesellschaft zu wecken, indem er es über die Mißstände
in der Welt aufklärt und sie als veränderbar hinstellt. Dann bemüht er sich, Mittel ausfindig zu
machen, die zu der Beseitigung der sozialen Zustände beitragen und dem Zuschauer den Weg weisen zu
einer Neugestaltung der Gesellschaft im Sinne der
marxistischen Ideologie (1).

Bei seiner Beschäftigung mit Georg Büchner anläßlich der Ehrung durch den Büchner-Preis im Jahre
1958 (2) glaubt Max Frisch auf einen Dichter zu sto-
ßen, der in der Wirklichkeit engagiert ist, ohne
durch eine Ideologie in seinen Erfahrungsmöglichkei-
ten eingeschränkt zu sein.

Büchner war ein Dichter des politischen Engagements (R 41).

Frisch versteht darunter die Fähigkeit des Schriftstellers, an seiner Zeit zu leiden und durch eine
bewußte Teilnahme am Leben der Gesellschaft die Existenzbedingungen des Menschen in der Zeit an der
eigenen Person zu erfahren. Er deutet Büchners Haltung als ein politisches Mitempfinden, das nicht den
gesellschaftlichen Zuständen, sondern dem einzelnen

---

1) Da die Einleitung nur einer kurzen Orientierung
   über die Stellung des Dichters innerhalb der Gesellschaft dienen soll, wird auf die Art der politischen Tendenz des Brechtschen Lehrtheaters
   an dieser Stelle nicht näher eingegangen. Eine
   ausführliche Gegenüberstellung der Dichtungstheorien von Brecht und Frisch befindet sich im
   III. Kap. d.A.

2) Vgl. Max Frisch: "Büchner-Rede", Rede zur Verleihung des Georg-Büchner-Preises der Deutschen Akademie für Sprache und Dichtung in Darmstadt,
   R 36ff

Menschen gilt. Büchner meint, wie Karl Vietor einmal
formuliert (1), "nicht den Zeitgenossen im Menschen,
sondern den Menschen im Zeitgenossen"; d.h. er durchdringt die historische Wirklichkeit, um einen Einblick
in die zeitlose Existenz des Menschen zu gewinnen.

Diese Art des politischen Engagements ist anti-
ideologisch. Im Gegensatz zu Brecht glaubt Büchner
nicht daran, daß die Dichtung zu einer Veränderung
der gesellschaftlichen Zustände beitragen könne (2).
Während Brecht mit seinen Dramen soziale Vorstellungen
aufzubauen versucht, die der Verwirklichung seiner
politischen Idee dienen, bemüht sich Büchner gerade
um die Zersetzung jeder ideologischen Weltbetrachtung,
weil sie durch ein Errichten von Alternativen die
Einsicht in den lebendigen Menschen versperrt. Frisch
rühmt die "Wahrhaftigkeit" seiner Darstellung, die
frei ist von jeder politischen Tendenz und doch ein
Engagement in der Wirklichkeit verrät.

Büchners Art des politischen Engagements erscheint Max Frisch auch für einen heutigen Dichter
angemessen. "Spricht dieser Büchner nicht wie ein
Heutiger?" (R 46), fragt er und erhebt damit Büchners Haltung gegenüber der Gesellschaft zu einem Vorbild für den gegenwärtigen Dramatiker. Zudem war Büchner Emigrant, und diese Tatsache scheint ihn für einen
Dichter des 20. Jahrhunderts besonders interessant zu
machen. Von den Behörden verfolgt aufgrund seiner po-

---

1) Karl Vietor: Die Tragödie des Heldischen Pessimis-
   mus. Über Büchners Drama "Dantons Tod", DVJs 12
   (1934) S.173-209

2) Am 1.Jan.1836 schreibt Büchner an seine Eltern:
   "Übrigens gehöre ich für meine Person keineswegs
   zu dem sogenannten Jungen Deutschland, der literarischen Partei Gutzkows und Heines. Nur ein völli-
   ges Mißkennen unserer gesellschaftlichen Verhältnisse konnte die Leute glauben machen, daß durch
   die Tagesliteratur eine völlige Umgestaltung unserer religiösen und gesellschaftlichen Ideen möglich sei". (Büchner: Werke und Briefe, Leipzig
   1922, S.391

litischen Kampfschrift "Der Hessische Landbote" (1),
flieht Büchner 1834 nach Straßburg und lebt später
in Zürich. Seine Dramen entstehen im Ausland, das
Engagement des Dichters jedoch gilt dem Menschen im
Vaterland. Als Emigrant lebt Büchner außerhalb der
Gesellschaft, auf die er sich bezieht, und doch ver-
stärkt diese Außenseiterstellung sein politisches
Engagement, weil sie ihm Freiheit und Distanz gegen-
über dem Menschen verschafft und ihm dadurch die
"Wahrhaftigkeit" der Darstellung ermöglicht.

In dem Außenseitertum Büchners erkennt Max
Frisch die Stellung des modernen Schriftstellers in
der heutigen Gesellschaft wieder. Büchner nimmt sie
um mehr als 100 Jahre vorweg. Ein Unterschied besteht
allerdings darin, daß der Dichter des 19. Jahrhunderts sich noch der Nation als seiner Heimat verpflichtet fühlt, während der Schriftsteller des fort-
geschrittenen 20. Jahrhunderts nach der Erfahrung
zweier Weltkriege den Glauben an einen borniert en
Nationalismus verloren hat. Die Auswirkungen einer
fanatischen Vaterlandstreue lassen ihn bezweifeln,
daß die Heimat des Menschen seine Nation sei. Max
Frisch schreibt dazu:

> Heimat ist unerläßlich, aber sie ist nicht an Län-
> dereien gebunden. Heimat ist der Mensch, dessen
> Wesen wir vernehmen und erreichen. (R 51)

Unter der Heimat eines Menschen versteht Max Frisch
die Bindung an den Gesinnungsgenossen, der über nationale und soziale Grenzen hinweg sich einem "frei-

---

1) Büchner gründet im März 1834 eine "Gesellschaft der
   Menschenrechte" und verfaßt die politische Kampfschrift "Der Hessische Landbote". Aufgrund dieser
   Schrift wird er verfolgt und flieht, um einer Ver-
   haftung zu entgehen, nach Straßburg. September 1836
   siedelt Büchner nach Zürich über, wo er eine Dozen-
   tur an der Universität erhält. Er stirbt in der
   Emigration.

en" Menschsein verpflichtet fühlt (1), während der
Nationalsozialismus Schranken zwischen den Menschen
errichtet.

Frischs politisches Engagement ist im Gegensatz
zu dem Georg Büchners antinational. Er ist damit ein
Außenseiter innerhalb der Gesellschaft (2). Ohne sein
Land zu verlassen, ist er Emigrant. Aus dem Bewußtsein, daß die Existenz eines Menschen sich nicht durch
seine nationale oder ideologische Zugehörigkeit definieren läßt, erwächst ihm ein Gefühl der Fremdheit
gegenüber den in Konventionen befangenen Landsleuten,
und er findet zu jener Distanz und Freiheit gegenüber
den Menschen, die er an Büchner rühmt. Als Emigrant
innerhalb der Gesellschaft steht er in Opposition
zu seiner sozialen Umwelt und sieht seine Aufgabe
darin, die Wirklichkeit in Frage zu stellen und jene
nationalen und sozial-ideologischen Schranken zu
"zersetzen", die das bürgerliche Bewußtsein dem Menschen auferlegt.

Dem Wunsch nach einer Partnerschaft mit der Öffentlichkeit, die als das Ziel der Dichtung angesehen
wurde, steht damit das Bewußtsein des "Emigrantischen"
jeder intellektuellen Existenz gegenüber. "Öffentlichkeit ist Einsamkeit außen" (R 63), schreibt Max Frisch
und weist mit diesen Worten seine Suche nach einem
realen Partner in den Bereich der unerfüllbaren Hoffnung. Es wird nicht gelingen, die Isolation des Wissenden durch eine Partnerschaft mit der Öffentlichkeit
aufzuheben. Die Außenseiterposition des Schriftstellers schließt eine Kommunikation mit der Gesellschaft

---

1) Auf den Begriff des freien Menschen bei Max Frisch
   soll hier noch nicht näher eingegangen werden. Vgl.
   Kap.I.B.d.A.

2) Frischs Auffassung von der Stellung des modernen
   Dichters innerhalb der Gesellschaft erinnert an die
   "Outsider-Theorie" des englischen Philosophen Colin
   Wilson. Der "Outsider" ist der nicht angepaßte
   Mensch, der die sozialen Bedingungen seiner Zeit
   durchbrechen will.

aus. Der Dichter muß erkennen, daß er ohnmächtig ist
gegenüber der Öffentlichkeit und keinerlei Einfluß
auf sie auszuüben vermag.

Dennoch gibt die Hoffnung auf ein Einverständ-
nis mit der Gesellschaft der Suche des Dichters die
Richtung:

> Ziel ist eine Gesellschaft, die den Geist nicht
> zum Außenseiter macht ... und nur darum müssen
> wir Außenseiter der Gesellschaft sein, insofern
> es keine ist. - Wir sind verpflichtet an eine Ge-
> sellschaft der Zukunft: - wobei es für die Ver-
> pflichtung belanglos ist, ob wir selber diese Ge-
> sellschaft noch erreichen, ob sie überhaupt jemals
> erreicht wird; Nähe oder Ferne dieses Zieles, so-
> lange es uns als solches erscheint, ändern nichts
> an unserer Richtung (Tb 62).

Frischs Auffassung von der Aufgabe des Schriftstellers
in der heutigen Gesellschaft wird deutlich; er betrachtet es als seine Pflicht, opponierender Außenseiter
zu sein und die Konvention in Frage zu stellen, um
dadurch zum Entstehen einer freieren Gesellschaft beizutragen.

C. Zusammenfassung:
   Der Dichter als Emigrant innerhalb der Gesellschaft

Frischs Vorstellung von der Beziehung des modernen Dramatikers zur Öffentlichkeit läßt sich in dem
Begriff des "Emigranten innerhalb der Gesellschaft"
zusammenfassen.

Emigrant ist Max Frisch aufgrund seiner Existenzerfahrung, die die nationale, soziale und ideologische
Wirklichkeit durchdringt und eine Suche nach dem Sein
des Menschen darstellt, die den Dichter außerhalb des
Gegenwartbewußtseins der Gesellschaft führt.

Die Gesellschaft ist einerseits sein Erfahrungsbereich. Indem der Dichter an ihrer politischen Wirklichkeit teilnimmt, erlebt er die Existenzbedingungen

des Menschen in der Zeit. Ohne die Auseinandersetzung mit der Gesellschaft gelingt es ihm nicht, ein gültiges Zeitbewußtsein darzustellen.

Andererseits ist die Öffentlichkeit sein <u>Partner.</u> Sie liefert ihm die Vorlage für das fiktive Publikum und bestimmt dadurch den Schaffensprozess. Darüber hinaus reizt sie ihn immer wieder zu einer Suche nach realer Partnerschaft. Der Dichter bemüht sich um das Verständnis des Publikums, und dieser Wunsch nach Kommunikation veranlaßt ihn dazu, seine Rolle als der opponierende Außenseiter zu spielen, der die Umwelt an einer Suche nach dem Menschen beteiligen möchte.

Das dramatische Werk von Max Frisch ist auf die Wechselwirkung von Dichter und Gesellschaft gegründet. In Thematik, Form und Ziel der Dramen spiegelt sich das Selbstverständnis des Dichters wider.

I. Die Thematik der Dramen

Die Entfremdung des Menschen in der Welt des 20. Jahrhunderts

Die Thematik der Dramen: das Individuum in der
Auseinandersetzung mit seiner gesellschafts-politi-
schen Situation, läßt zwei verschiedene Deutungen
zu. Die Mehrzahl der Theaterkritiker sieht in Max
Frisch einen vornehmlich politischen Dichter, der
in seinen Dramen die historische Wirklichkeit deutet. Sie bezeichnen die Kriegs- und Nachkriegssituation in Europa als Thema seines Werkes und suchen
in den Stücken nach der politischen Aussage des
Dichters. Demgegenüber steht die kleinere Gruppe
derer, die die Darstellung des Menschen für das
eigentliche Anliegen des Autors halten und durch
die zeitgeschichtlichen Bezüge hindurch in der
Deutung der menschlichen Existenz das Thema der
Dramen sehen (1).

Beide Deutungen treffen das dramatische Werk
des Dichters. Sowohl die politische als auch die

---

1) Helmuth Karasek weist in seinen Interpretationen
der Dramen (in: Max Frisch, Hannover 1966, Reihe
Friedrichs Dramatiker des Welttheaters 17) auf
die verschiedenen Deutungsmöglichkeiten hin und
zitiert Ausschnitte aus Theaterkritiken, die das
Überwiegen einer aktuell-politischen Interpretation deutlich macht.Besonders umstritten sind die
Dramen "Biedermann und die Brandstifter" und "Andorra". "Biedermann" wird vorwiegend als eine Parabel auf die Machtergreifung Hitlers angesehen;
"Andorra" gilt als eine Deutung des Antisemitis-
mus im 3. Reich. Bei dem Versuch, die Stücke auf
konkret-politische Ereignisse zu beziehen, ergeben sich jedoch Widersprüche, die deutlich erkennen lassen, daß es Max Frisch nicht um die Darstellung geschichtlicher Ereignisse geht, sondern
um die Gestaltung menschlicher Verhaltensweisen
in Bezug auf die Gesellschaft. Vgl. S.73 und S.85.
Zur Frage der politischen Thematik bei Frisch
vgl. auch Bänziger, a.a.O.S.109, und Stäuble,
a.a.O. S.212

existentielle Thematik ist in seinen Stücken vorhanden.
Während in den frühen, unter dem Eindruck der Kriegsereignisse entstandenen Stücke die Auseinandersetzung
mit der geschichtlichen Wirklichkeit im Vordergrund
steht, treten die aktuell-politischen Bezüge in den
späteren Werken immer mehr zurück und lassen den
Blick frei auf das Bild des Menschen.

Im Sinne dieser Entwicklung soll in der vorliegenden Arbeit das dramatische Werk des Autors in zwei
Gruppen geteilt werden: den frühen Stücken, in denen
die politische Thematik vorherrscht, und den späteren, die der Existenz des Menschen in der heutigen
Zeit gewidmet sind.

A. Auseinandersetzung mit der politischen Wirklichkeit

1. Der Begriff der politischen Auseinandersetzung
   bei Max Frisch

a) Die politische Situation des Schweizer Schriftstellers

Frischs politische Stellung ist gekennzeichnet
durch ein Verharren zwischen den ideologischen Fron-
ten dieses Jahrhunderts (1). Der Status der Neutrali-
tät, der die Schweiz von jeher zu einem Land außerhalb der politischen Machtblöcke bestimmt hat, wird
von Max Frisch als ein Auftrag an den Schweizer Schriftsteller verstanden. Er sieht sich zu einer Mittler-
stellung zwischen Ost und West berufen. Indem er die
gegensätzlichen Ideologien, den Kommunismus und den
bürgerlichen Kapitalismus, einer kritischen Analyse
unterzieht und auf Gemeinsamkeiten der Situation des
Menschen in Ost und West hinweist, versucht er, auf

---

1) Zu Frischs politischer Stellung vgl. Bänziger,
   a.a.O. S.35ff

beiden Seiten Vorurteile zu beseitigen. Die Tatsache,
daß er Schweizer ist, bietet ihm, wie er sich ausdrückt -

> die Möglichkeit, in der Auseinandersetzung dieses
> Jahrhunderts, die mit dem Cliché "Ost und West"
> oder "Kommunismus und Kapitalismus" abgestempelt
> ist, eine intellektuelle Instanz zu sein und ein
> Forum abzugeben (1).

Frisch beginnt seine schriftstellerische Tätigkeit während des zweiten Weltkrieges. In der Auseinandersetzung mit den politischen Ereignissen von 1933
bis 1945 hat er Gelegenheit, seine geistige Neutra-
lität zu beweisen. Als Schweizer Schriftsteller nimmt
er in Bezug auf die literarische Gestaltung der Kriegsereignisse eine Sonderstellung unter den europäischen
Autoren ein. Er gehört einem Land an, das nicht in
den Weltkrieg verwickelt ist, durch seine geographi-
sche Lage jedoch unmittelbar mit den Kriegsereignissen
konfrontiert wird. Max Frisch schildert die Situation
der Schweiz in seinem Tagebuch:

> Daß der Krieg uns anging, auch wenn er uns noch-
> mals verschonen sollte, wußte jedermann ... Wir
> wohnten am Rande einer Folterkammer, wir hörten
> die Schreie ... Unser Alltag, den wir auf dieser
> Insel verbrachten, war voll fremder Gesichter:
> Flüchtlinge aller Art, Gefangene und Verwundete.
> Wir hatten ... den Anblick dieser Zeit, wie er für
> ein Volk, das außerhalb des Krieges steht, nicht
> aufdringlicher hätte sein können Tb 149f).

Der Schweizer Schriftsteller ist Eingeweihter
und Außenstehender zugleich. Er ist damit in einer
Position, die es ihm ermöglicht, das Geschehen aus
der Distanz und doch nicht ohne eine genaue Kenntnis
zu beurteilen.

> Sie (die Verschonten) haben die selten gewordene
> Freiheit, gerecht zu bleiben (Tb 150),

schreibt Max Frisch. Er betrachtet die objektive Darstellung der Kriegsereignisse als eine Aufgabe, der

---

1) Max Frisch: Interview für die Zeitschrift "Neutra-
   lität", 1964, vgl. Bänziger, a.a.O. S.38

der politisch neutrale Schriftsteller sich nicht entziehen darf. Die Freiheit, die er vor allen durch
Ressentiments in ihrer Urteilfähigkeit behinderten
Schriftsteller besitzt, verpflichtet ihn dazu, sich
einer objektiven Analyse der politischen Wirklichkeit zu widmen.

b) <u>Die politische Thematik in den frühen Dramen</u>

In diesem Sinne entstehen kurz nach Kriegsende
drei Dramen, in denen Max Frisch sich mit der "deutschen Vergangenheit" auseinandersetzt (1):
1. Nun singen sie wieder (1945)
2. Als der Krieg zu Ende war (1947)
3. Die Chinesische Mauer (1946) (2).

Im ersten Stück versucht der Autor, eine geistes-
geschichtliche Deutung der Epoche des Nationalsozialismus zu liefern. Er geht von der These aus, daß die
abendländische Kultur in diesem Jahrhundert versagt
habe, weil sie die "Barbarei" der Judenverfolgung und
des Krieges nicht habe verhindern können (3). Den Grund
für dieses Versagen sieht der Dichter in der Unverbind-
lichkeit der Kultur, die durch eine Trennung von Kunst
und Politik zustande kommt. Die Kultur wird zur "mora-

---

1) Das Thema der "Bewältigung der deutschen Vergangenheit", das die deutsche Dramatik seit 1960 fast
   ausschließlich beschäftigt, wird von Max Frisch
   bereits nach 1945 behandelt. Diese Tatsache bestätigt Frischs These, daß die Analyse der historischen
   Ereignisse beim Autor eine Distanz voraussetzt, die
   ein deutscher Schriftsteller 1945 noch nicht auf-
   bringen kann. Vgl. G.Rühle, a.a.O. S.12

2) Bereits vor 1945 entsteht ein Stück "Santa Cruz",
   das sinngemäß zu der zweiten Gruppe der Dramen gehört. Die Einteilung in politisch orientierte Zeit-
   stücke und spätere existentielle Dramatik entspricht
   nicht ganz der chronologischen Reihenfolge der Stücke.

3) Vgl. Frisch Tb 325ff und R 15ff - "Kultur als Alibi", Rede in einer Veranstaltung der Schweizerisch-
   Deutschen Kulturvereinigung 1949.

lischen Schizophrenie" (1), wenn sie als etwas
"Höheres" begriffen wird, das außerhalb der politischen Wirklichkeit steht und auf das ethische
Verhalten des Menschen im täglichen Leben keinerlei
Einfluß hat. In seinem Stück gestaltet Max Frisch
menschliche Verhaltensweisen zur Zeit des 3. Reiches
und des Krieges, denen jene schizophrene Geisteshaltung zugrunde liegt.

Während im ersten Stück nach den geistesgeschichtlichen Ursachen für das Kriegsgeschehen gesucht wird,
befaßt sich Max Frisch in "Als der Krieg zu Ende war"
mit den Folgen einer Übersteigerung des Nationalismus durch den Krieg. Er sieht das Bewußtsein der Menschen durch nationale Schematisierungen und Vorurteile bedroht und glaubt, in der Nachkriegssituation
den Ursprung für eine Verhärtung der Ost-West-Fron-
ten festzustellen. Dem Drama liegt eine wahre Bege-
benheit aus der Zeit der russischen Besetzung Berlins
zugrunde (2). Sie wird vom Autor zu einer Analyse der
Nachkriegssituation in Deutschland zum Anlaß genommen.

Das dritte Stück "Die Chinische Mauer" entsteht unter dem Eindruck der ersten Atombombenexplo-
sion in Japan. Eine Zerstörung der Welt von Menschen-
hand erscheint denkbar, und die Vorstellung, daß ein
neuer Krieg das Ende der Menschheit bedeuten könne,
veranlaßt den Autor dazu, sich über die politische
Verantwortung des Intellektuellen gegenüber der Gesellschaft Gedanken zu machen. Max Frisch sieht den
Intellektuellen dazu bestimmt, eine Politik der Ge-
walttätigkeiten zu verhindern. Wie weit er diese Aufgabe in einem Machtstaat erfüllen kann und ob er über-

---

1) Zum Begriff der "moralischen Schizophrenie" vgl.
   die Interpretation zu "Nun singen sie wieder",
   Kap.II A 2a.

2) Vgl. Max Frisch Tb 220ff

haupt politischen Einfluß besitzt, gestaltet der Autor in seinem Stück.

In den drei genannten Dramen geht es Max Frisch darum, einen Beitrag zur Deutung der "Deutsch Vergangenheit" zu liefern. Indem er die politische Wirklichkeit durchschaubar macht und Ursache und Wirkung des Kriegsgeschehens an Hand menschlicher Verhaltensweisen untersucht, hofft er, bei der "Bewältigung der Vergangenheit" mitzuwirken. Sie ist in seinen Augen die Voraussetzung für eine zukünftige Verständigung der Völker untereinander. Zur Rechtfertigung der politischen Thematik seiner Dramen schreibt Max Frisch in seinem Tagebuch:

> Ich halte für ein eigentliches Unglück ... das Vergessen der Dinge, die nicht durchschaut, nicht begriffen, nicht überwunden und daher nicht vergangen sind (Tb 349).

Seine politischen Stücke stellen den Versuch einer Überwindung der Ereignisse von 1933 - 1945 dar.

2. Darstellung der politischen Auseinandersetzung in den frühen Dramen

a) Nun singen sie wieder (1)

Angesichts der Ideologie des Deutschen Nationalsozialismus und seiner Auswirkungen im 3. Reich kommen Max Frisch Zweifel am moralischen Wert der abendländischen Kultur. Die Traditionen des Christentums und des Humanismus haben nicht verhindern können, daß Menschenunwürdiges geschieht. Ihr moralischer Einfluß auf die politische Verhaltensweise des Menschen hat sich im 3. Reich als ungültig erwiesen. Am Beispiel

---

1) Zur Interpretation des Dramas vgl. Walter Ziskoven, in: Zur Interpretation des modernen Dramas, Frankfurt 1961, S.105ff; H.Karasek, a.a.O. S.23-29; E. Stäuble, a.a.O. S.79-88; H.Bänziger, a.a.O. S.58-60; Carol Petersen, in: Max Frisch, Berlin 1966, Reihe: Köpfe des 20. Jahrhunderts, Bd.44, S.29-31.

von vier Gestalten versucht Max Frisch der Frage nach-
zugehen, worin das Versagen der abendländischen Kultur bestanden hat (1). Zwei Männer der älteren Generation, ein Oberlehrer und ein Pope, stehen zwei jüngeren gegenüber. Während die Älteren durch ihren Beruf
Träger der abendländischen Kultur darstellen, setzen
sich die Jüngeren mit der geistigen Tradition ihres
Volkes kritisch auseinander. Sie erleben, wie die
Kultur den politischen Forderungen nicht standzuhalten vermag und sich der Macht unterwirft. Beide ziehen auf sehr verschiedene Weise Konsequenzen aus diesem Versagen der Kultur.

Der Oberlehrer vertritt die humanistische Tradition. Sein Humanismus versteht sich als ein Glaube
an die Vernunft und die Sittlichkeit des Menschen. In
der Vernunft offenbart sich die Freiheit des Geistes,
in der Sittlichkeit die individuelle Verantwortung
des Menschen. Versteht man Kultur in diesem Sinne,
so folgt daraus, daß eine kulturelle Tradition den
Menschen formt (2). Sie entwickelt seine Geisteskräfte und sein Verantwortungsbewußtsein und bleibt nicht
auf den Bereich der Kunst beschränkt, sondern bezieht
sich auf alle menschlichen Lebensäußerungen. Die Kunst
ist ein ästhetischer Ausdruck der Kultur, die Politik ein praktischer. Kunst und Politik - beides soll-
ten Manifestationen der gleichen geistigen Tradition
eines Volkes sein.

---

1) Die Forderung, daß die Kultur im Menschen ein sittliches Emfpinden entwickeln soll, leitet Max Frisch
   aus dem abendländischen Humanismus ab. Sie ist die
   Voraussetzung für die These vom Versagen der Kultur.
2) vgl. Frisch Tb 325

Der Oberlehrer beschränkt seine humanistische
Bildung auf den ästhetischen Bereich der Kultur:
der Kunst. Er sieht in der Kunst eine Offenbarung
des "absoluten Geistes" und glaubt in der Schönheit
der Literatur, Malerei und Plastik die Schönheit des
Geistes widergespiegelt zu sehen. Herbert interpre-
tiert in diesem Sinne ein mittelalterliches Fresco,
das er in der Klosterkirche entdeckt:

> Unser Oberlehrer, wenn er das sehen könnte ... Alle.
> diese Gestalten, würde er sagen, hier stehen sie
> nicht vor den Zufällen einer Landschaft, die sie
> geboren hat und die sie bedingt; vor einem Gold-
> grund stehen sie, das aber heißt, sie stehen vor
> dem unbedingten Raum des Geistes (I,89).

Diese Interpretation spiegelt die Geisteshaltung des
Oberlehrers wider: Die Welt der geistigen Beziehungen
hat für ihn Vorrang vor der realen Welt.

Im 3. Reich gerät die Kunst in Abhängigkeit von
der Politik. Der Oberlehrer wird eines Tages von seinen Schülern dazu gezwungen, bestimmte Dichter, in
deren Literatur er zuvor eine Offenbarung des Geistes
gesehen hatte, als "entartet" anzuerkennen. Er soll
den Geist leugnen, und aus Angst vor einer möglichen
Entlassung aus dem Dienst tut er es. Er beugt sich
der Gewalt und verrät seine humanistische Weltanschauung. Auf die Unterdrückung des Geistes folgt die Unterdrückung der sittlichen Verantwortung. Der Oberlehrer bekennt:

> Auch mir hat man Dinge befohlen, die ich aus frei-
> en Stücken nie getan, die ich nie auf meine eige-
> ne Verantwortung genommen hätte (I,111).

Er flüchtet aus Angst vor der Gewalt in den Gehorsam
und wird dadurch zum Mitläufer des Nationalsozialismus. Schließlich richtet er sich soweit darin ein,
daß er sogar überzeugt ist, es "sei auch viel Gutes
an der Sache" (I,111).

In der Geisteshaltung des Oberlehrers sieht Max

Frisch das Versagen der abendländischen Kultur verkörpert. Der Oberlehrer versteht Kunst und Politik
als zwei getrennte Bereiche. Während er in der Kunst
den geistigen und moralischen Wert der Bildung preist,
vermag er nicht, diese Wertmaßstäbe im politischen
Leben anzuwenden.

> Nennen wir es, was diese Menschenart auszeichnet,
> eine ästhetische Kultur. Ihr besonderes Kennzei-
> chen ist die Unverbindlichkeit. Es ist eine Gei-
> stesart, die das Erhabendste denken und das Nie-
> derste nicht verhindern kann, eine Kultur, die
> sich säuberlich über die Forderungen des Tages
> erhebt (R 21).

In dieser "schizophrenen" Geisteshaltung des deutschen
Bürgers sieht Max Frisch einen der wesentlichsten Gründe für den Sieg des Nationalsozialismus in Deutschland.

Die zweite Gestalt der älteren Generation, der
Pope, vertritt in dem Stück die christliche Tradition
des Abendlandes. Frisch begnügt sich mit wenigen Andeutungen. Der Glaube an Gott und die Menschwerdung
Gottes in Christus fordert vom Menschen einerseits
eine sittliche Verantwortung vor Gott, andererseits
die Liebe zum Nächsten. Im 3. Reich gerät die Religion
in Abhängigkeit von der Politik (1). Mit der gewalt-
tätigen Unterdrückung des Glaubens gerät die christliche Ethik in Gefahr. Der Pope soll bei Gott schwören, daß er nichts weiß von den 21 Geiseln, die er
selbst begraben mußte. Aus Angst vor der Gewalt lei-
stet er einen Meineid. Auch er leugnet, wie der Oberlehrer, angesichts des Todes seinen Glauben und fällt
von Gott ab.

Herbert ist vom Oberlehrer im Sinne des Humanismus erzogen worden. Er wird als besonders intelligent

---

1) Zur Rolle des Christentums im 3. Reich vgl. Walter Hofer: Der Nationalsozialismus, Frankfurt 1957,
   Fischer Bücherei 172, S.119-167

und feinfühlig geschildert und gilt als ein hervor-
ragender Kenner von Kunst und Musik (1). Durch das
Verhalten des Oberlehrers wird sein Glaube an den
geistigen und moralischen Wert der Kultur erschüt-
tert. Er erkennt, daß diese Art von Humanismus der
Wirklichkeit nicht standzuhalten vermag, sondern
Illusionen errichtet:

> Sie wollten den Menschen nicht kennen, ich weiß!
> Humanismus nennen Sie das! (I, 140),

wirft er dem Lehrer vor. Und nicht nur die humanistische Tradition versagt vor seinen Augen, sondern
ebenso die christliche, die Herbert in der Gestalt
des Popen verkörpert sieht.

Der absolute Geist offenbart sich weder in der
Kunst noch in der Religion; diese Folgerung zieht Her-
bert aus seinen Erlebnissen, und er stellt sich die
Frage, ob es überhaupt einen absoluten Geist gibt.
Um ihn herauszufordern und seine Existenz unter Be-
weis zu stellen, wendet er sich der Macht zu:

> Und der Geist, der höher als unsere Macht sein
> soll, wo ist er denn? Was suchen wir denn anderes
> als ihn? ... Wir griffen zur Macht, zur letzten
> Gewalt, damit der Geist uns begegne (I,91).

Herbert wird zum Nationalsozialisten, weil ihm das
Regime zu unbeschränkter Macht verhilft. Er tötet
Hunderte von Menschen, um den Geist zu zwingen, sich
ihm zu zeigen:

> Ich werde töten, bis der Geist aus seinem Dunkel
> tritt, wenn es ihn gibt, und bis der Geist mich
> selber bezwingt (I,143).

Herbert stößt an keine Grenze der Macht; der
absolute Geist zeigt sich ihm nicht, und er blickt
in die Leere, das "Nichts" (I,141). Seine Gottsuche
endet im Nihilismus. Die Nichtexistenz des absoluten

---

1) Frisch spielt mit der Gestalt Herberts offensicht-
   lich auf Heydrich an, der, wie er im Tagebuch (Tb
   115) und in seiner Rede "Kultur als Alibi" (R 20)
   vermerkt, ein ausgezeichneter Musiker war.

Geistes erscheint durch die Mordtaten im 3. Reich be-
wiesen. In der Gewalt erkennt Herbert das einzige Gesetz, das die Welt beherrscht. Sein Nihilismus leugnet jede sittliche Verantwortung des Menschen und
sieht in der Erfüllung des menschlichen Zerstörungs-
willen den Sinn des Lebens.

In der Person Herberts gestaltet Max Frisch die
schon von Nietzsche aufgestellte These (1), daß der
Nihilismus eine Folge des Versagens der abendländischen Kultur sei und daß der"Wille zur Macht" eine
Antwort auf die erwiesene Wertlosigkeit der geistigen
Tradition darstelle. In der Hinrichtung des Oberlehrers durch Herbert wird die Vernichtung des abendländ-
dischen Humanismus durch den Nationalsozialismus symbolisch zum Ausdruck gebracht. Herbert sagt zu seinem
Opfer:

> Ihre Hinrichtung ist eine vollkommene. Wir erschies-
> sen nicht Sie allein, sondern Ihre Werte, Ihr Den-
> ken, alles, was Sie als Geist bezeichnen; Ihre
> Träume, Ihre Ziele, Ihre Anschauungen der Welt,
> die, wie Sie sehen, eine Lüge war (I, 141).

Karl hat die gleiche Erziehung genossen wie Herbert. Auch er empfindet die Erlebnisse im 3. Reich
als ein Versagen der Tradition des Abendlandes, aber
im Gegensatz zu Herbert sucht er die Schuld nicht in
der Kultur, sondern im Menschen. Herberts Suche nach
dem Geist ist ihrem Wesen nach abstrakt, weil sie
den Menschen nicht als ein Medium des Geistes anerkennt. Es ist der Anspruch, Gott in seiner Absolutheit zu begegnen, der Herbert scheitern läßt, denn
er leitet aus einem übermenschlichen Anspruch eine
Rechtfertigung für sein Vorgehen gegen die Menschen
ab. Er tritt der Wirklichkeit mit einer Ideologie

---

1) Vgl. Ivo Frenzel: Der Nihilismus als Logik der
   Décadence, in: Friedrich Nietzsche, Hamburg 1966
   rm 115, S.121

gegenüber und verliert dadurch die Fähigkeit, das
Wesen der menschlichen Existenz zu erfahren.

Karl dagegen richtet seine Suche nach der Wahrheit nicht auf das Absolute, sondern auf den durch
seine Angst vor dem Tode bedingten Menschen. Er sieht
in dem Meineid des Popen nicht ein Versagen Gottes,
sondern den Ausdruck jener Angst, die den Menschen
seiner Freiheit beraubt und von der Gewalt abhängig
macht. Karl vertritt eine existentialistische Weltanschauung, die davon ausgeht, daß der Mensch aufgrund
der Nichtexistenz Gottes die Verantwortung für sein
Handeln selbst zu tragen habe (1). Er bekennt:

> Es gibt keine Ausflucht in den Gehorsam ..., er
> befreit uns nicht von der Verantwortung ..., sie
> ist uns gegeben, jedem die seine; man kann nicht
> seine Verantwortung einem anderem geben, damit er
> sie verwalte. Man kann die Last der persönlichen
> Verantwortung nicht abtreten - und eben das haben
> wir versucht, und eben das ist unsere Schuld (I,113).

Indem der Mensch sich seiner selbst als eines
verantwortlichen Wesens bewußt wird, erkennt er auch
die Bedingtheit der anderen Menschen und fühlt sich
mit ihnen solidarisch (2). Der Gesang der Geiseln
weckt in Karl ein Gefühl der Liebe zum Mitmenschen.
Er sieht in den Gefangenen nicht mehr den Feind, sondern den Nächsten und wird sich seiner sittlichen
Verantwortung bewußt. In diesem Augenblick hat er
die Kraft, Widerstand gegen die Gewalt zu leisten -
er weigert sich, den Popen zu erschießen und deser-
tiert.

Karls Weltanschauung vereint durch den Glauben

---

1) Vgl. Nicolas Abbagnano: Philosophie des menschlichen Konflikts, Hamburg 1957, rde 43; Näheres
   zum Existentialismus bei Frisch s.Kap.I B

2) Der Begriff der "Solidarität" stammt aus der Existenzphilosophie Albert Camus. Auf weitere Parallelen zwischen Frisch und Camus wird im Kap.I B
   hinzuweisen sein.

an die sittliche Verantwortung des Menschen und die
Liebe zum Nächsten die humanistischen und die christlichen Traditionen des Abendlandes (1) und setzt sie,
- die sich von der Realität entfernt und dadurch einen
Einfluß auf das Handeln der Menschen verloren haben, -
in Beziehung zur Wirklichkeit des 20. Jahrhunderts.

In den Verhaltensweisen der Hauptgestalten gegenüber der vom Nationalsozialismus verkörperten Macht
spiegeln sich die geistesgeschichtlichen Auseinander-
setzungen dieses Jahrhunderts wider. Weder die bloße
Proklamation der Werte des Humanismus noch die des
Christentums können sich gegenüber der Gewalt behaup-
ten, weil beiden Geisteshaltungen der Glaube an eine
absolute Wahrheit zugrunde liegt. In der absurden Wirklichkeit des 20. Jahrhunderts versagen sie (2). Der
Glaube an die Macht erscheint als ein Ausweg, doch
er führt durch seine Mißachtung der menschlichen Freiheit zu einem Nihilismus, der jeden sittlichen Wert
verneint. In der Gestalt Karls verkörpert Max Frisch
eine existentialistische Weltanschauung, die auf die
Selbstverantwortlichkeit des Menschen und seiner Solidarität gegenüber dem Mitmenschen gegründet ist.
Sie vermag sich gegen die Gewalt zur Wehr zu setzen,
weil sie in der Liebe ihre Verwirklichung findet.
Der Glaube an den absoluten Geist wird vom Existentialismus, so wie ihn Max Frisch in diesem frühen Drama versteht, verweltlicht, d.h. er offenbart sich
in der menschlichen Liebe. In den Anmerkungen definiert Max Frisch:

---

1) Zur humanistischen und christlichen Grundlage des
   Existentialismus vgl. Kap. I B "Der Begriff der
   Entfremdung".

2) Die Sinnlosigkeit oder Absurdität des Daseins offenbart sich für den Schriftsteller des 20. Jh. im
   Krieg. Näheres zum Begriff der Absurdität vgl.Kap.I B

Gott als das Lebendige in jedem Menschen, das Un-
faßbare, Unnennbare, das wir nur als solches er-
tragen, wenn wir lieben (I, 398) (1).

Frisch sucht den absoluten Geist nicht im unbe-
dingten Raum, sondern in der bedingten Gestalt des
Menschen. Nur der Liebende vermag ihn zu erfassen (2).
Die Liebe ist in diesem Sinne der einzige Weg zu Gott.
Sie allein hat die Kraft, durch ihren Glauben an den
Menschen die Absurdität des Daseins zu überwinden.
Es ist der Pope, der am Ende des Dramas die Hoffnung
auf die Unbeirrbarkeit der Liebe ausspricht:

Die Liebe ist schön, Benjamin, die Liebe vor allem.
Sie allein weiß, daß sie umsonst ist, und sie allein verzweifelt nicht (I, 148).

In der heutigen Wirklichkeit jedoch erweist sich
die Liebe als eine Utopie. Karl geht in den Tod, nachdem er im Solidaritätsgefühl mit den Geiseln seine
Verantwortung gegenüber sich selbst und den Mitmenschen erfahren hat. Allein in der Totenwelt wird die
Liebe wirksam: Der Pope gibt allen, die zu ihm kommen, Brot und Wein, die Symbole der Liebe Christi.
In der Wirklichkeit dagegen triumphiert die Gewalt.
Sie hat Haß in den Menschen geweckt, und der Haß, der
auf Rache sinnt, bringt neue Gewalt hervor. Edouard,
ein Feind des Nationalsozialismus, sagt in seiner Rede zu Ehren der Toten:

Das alles, es muß und es wird seine Rache finden (I, 146).

Der Kampf zwischen Gewalt und Geist wird in der
heutigen Welt, auch nach dem Krieg, immer noch zugunsten der Gewalt entschieden. Das Paradox dieser

---

1) Diese Gottesauffassung geht auf den Einfluß Kierkegaards zurück, über den im nächsten Kap. noch
zu sprechen sein wird. Im Mittelpunkt der Philosophie Kierkegaards steht die Einsicht, da: "Gott
die Liebe ist". Vgl. Hans Friemond: Existenz in Liebe nach Sören Kierkegaard, München 1965, S.143ff

2) Vgl. Zusammenfassung Kap.I

Welt besteht gerade darin, daß die Suche nach dem
Geist in Gewalt umschlägt und durch den Haß, den sie
in die Welt bringt, die Offenbarung des Geistes in
der Liebe verhindert.

b) **Als der Krieg zu Ende war** (1)

Gewalt fordert Gewalt heraus und trennt die Menschen voneinander, - dieses Thema des ersten Stückes
wird im zweiten unter dem Gesichtspunkt des Nationalismus fortgeführt. Der Nationalismus stellt eine
Eingrenzung des Menschen dar, indem er zwischen den
einzelnen Völkern scharfe Trennungslinien zieht. Im
deutschen Nationalsozialismus tritt ein ideologisches
Wertesystem hinzu, das bestimmten Rassen einen grös-
seren Wert zuerkennt als anderen und daraus imperia-
listische Rechte für das Herrenvolk ableitet (2).
Die Trennung der Völker wird zum Prinzip erhoben und
mit Gewalt durchgesetzt. Der vom deutschen Nationalsozialismus angestiftete Krieg fordert die National-
gefühle der anderen Völker heraus; sie entladen sich
in einer Rache der Sieger nach 1945.

Am Beispiel der russischen Besetzung von Berlin
zeigt Max Frisch die durch den Krieg hervorgerufe-
ne scharfe Trennung der Völker. Stellvertretend für
den nationalsozialistischen Terror steht die Gestalt
des ehemaligen SS-Offiziers Horst Anders, der an den
Judenerschießungen im Warschauer Ghetto maßgeblich
beteiligt war. Die Ausschreitungen der Siegermächte
gegenüber der deutschen Zivilbevölkerung werden durch

---

1) Zur Interpretation des Stückes vgl. H.Karasek a.a.
   0. S.39-45; E.Stäuble a.a.0. S.122-131; H.Bänziger
   a.a.0. S.61-63; C.Petersen a.a.0. S.34-38;
   Bei der Interpretation des Stückes dient die 2.
   Fassung als Vorlage, weil sie als die endgültige
   anzusehen ist. Vgl. Nachwort des Autors I, 396

2) Vgl. Walter Hofer: Adolf Hitler, seine Ideologie
   und seine Bewegung, a.a.0. S.9-41

Geschichten und Szenen aus der russischen Besatzungs-
zeit illustriert.

Horst Anders wird dargestellt als ein überzeug-
ter Nationalsozialist, dessen Bewußtsein von der Ideologie Hitlers geprägt ist. Symbolisch wird seine Haltung dadurch zum Ausdruck gebracht, daß er als einziges Kleidungsstück nur noch seine SS-Uniform besitzt.
Zwar möchte er sie gern ablegen, weil sie ihn nach
dem Krieg an seine Feinde verrät, aber es ist schwer,
andere Kleidung zu beschaffen. Er ist eingesperrt in
seine Uniform wie in sein ideologisches Denken. Der
Versuch, sich vom Nationalsozialismus dadurch zu befreien, daß er seine Kleidung wechselt, muß scheitern.
Die Ideologie ist so tief in sein Bewußtsein gedrun-
gen, daß er selbst als Zivilperson Nationalsozialist
bleibt. Jehuda erkennt ihn auch in seinem gegen Ende
des Stückes beschafften Straßenanzug sofort als einen
Offizier aus dem Warschauer Ghetto wieder.

Horst entspricht in jeder Weise dem von Hitler
entworfenen Bild des deutschen "Herrenmenschen" (1).
Er ist tatkräftig und selbstbewußt; darin gleicht er
Herbert aus "Nun singen sie wieder", der entsprechend
der nationalsozialistischen Lehre den deutschen Offizier als einen Menschen der Tat hinstellt:
    Wir haben noch immer getan, wie wir gesprochen
    haben (I, 92).
Horst kann sich nicht daran gewöhnen, daß er nach dem
Kriege dazu verdammt ist, tatenlos im Keller auf Hilfe zu warten. Er ist nicht gern von anderen Menschen
abhängig. Ein "Held" trägt für sich selbst die Verantwortung:
    Wer Führer sein will, trägt bei höchster unumschränk-
    ter Autorität auch die letzte und schwerste Verant-
    wortung (2).

---

1) Vgl. W.Hofer: Adolf Hitler und seine Bewegung, a.a.
   O. S.9-41
2) Vgl. W.Hofer, a.a.O. S.35

Aus dieser Selbstherrlichkeit entspringt ein tie-
fes Mißtrauen gegenüber fremden Menschen. Sein ras-
sisch und national geprägtes Menschenbild macht es
Horst unmöglich, einem anderen Menschen "offen" zu
begegnen. Sein Vorurteil besteht darin, daß er ein
festes Schema von Wert oder Unwert der verschiedenen
Völker in sich trägt und dieses Bildnis (1) in den
anderen hineininterpretiert. Es ist Agnes, Horsts Frau,
die die nationale Schematisierung des Menschen ausspricht:

> Ich sage Dir ja, er ist Russe ... Und wie Russen aus-
> sehen, das weiß doch jedes Kind. Wozu gibt es Bil-
> der. Jedes Volk hat eine Fahne und ein Gesicht.
> Der Jude hat eine krumme Nase und dicke Lippen,
> vom Charakter zu schweigen. Der Engländer ist ha-
> ger und sportlich, solange das Spiel zu seinen
> Gunsten steht. Der Spanier ist stolz, der Italie-
> ner hat eine beneidenswerte Stimme, aber er ist
> faul und oberflächlich, der Deutsche ist treu und
> tief. Und der Franzose hat Esprit, aber das ist
> auch alles (I, 284).

Der Nationalsozialismus hat diese nationalen und ras-
sischen Vorurteile zum System erhoben und durch den
Krieg weiter vertieft. Nach 1945 wenden sie sich gegen das deutsche Volk selbst (2).

"Der Krieg hat sie zu Tieren gemacht" (I, 290),
sagt Stepan, der russische Offizier, der das Haus des
Ehepaares Anders besetzt hält, von seinen eigenen Landsleuten. Voller Haß begegnen die russischen Soldaten
den Deutschen. In ihrem Siegerrausch betrachten sie
die ganze Stadt als ihr Eigentum. Von Plündereien und
Vergewaltigungen wird im Stück erzählt und von einer
wahllosen Zertrümmerung der Einrichtungsgegenstände
der Häuser (I, 251, 160).

---

1) Zum Thema "Bildnis" vgl. die Interpretation von
   "Andorra", Kap.I B2

2) Bei der Gestaltung des deutschen Offiziers verfällt
   der Autor selbst in jenes Klischee-Denken, das er
   in dem Stück verurteilt. Von der Kritik ist ihm deshalb nationale Befangenheit und mangelnde Distanz
   vorgeworfen worden. Vgl. H.Bänziger, a.a.O. S.62

Der Krieg hat die Menschen in erschreckender
Weise einander gleich gemacht. Während sie sich selber durch nationale Bildnisse voneinander abzuheben
versuchen, fallen sie in Wirklichkeit gemeinsam auf
eine niedere Stufe des Menschseins zurück, sie werden "Barbaren" (1). Die Gleichheit der Menschen auf
einer barbarischen Stufe bringt Max Frisch dadurch
zum Ausdruck, daß sich die Russen der gleichen Worte
bedienen wie die Deutschen, wenn sie auf den anderen
schimpfen. Schon in "Nun singen sie wieder" hatten
die feindlichen Parteien die gleichen Sätze benutzt:
"Satane sind es, Satane" (I, 108, 115). Die Gewalt fordert die Gewalt heraus und verbreitet Haß unter den
Völkern. Wenn Frisch die Liebe als die Suche nach dem
Lebendigen im Menschen, nach Gott, begreift, so sieht
er im Haß das Gegenteil: das Verleugnen des Lebens,
die Fixierung des Menschen durch ein ideologisches
oder nationales Vorurteil.

Agnes und Stepan, die deutsche Frau und der russische Offizier, bilden die Ausnahme, die Frisch der
nationalen Schematisierung entgegensetzt. Sie lieben
sich und sehen im Gegenüber weder den "Russen" noch
die "Deutsche", sondern allein den Menschen. - Im
Jahre 1949, als das Stück seine Uraufführung erlebte,
hatten sich die Siegermächte längst in ein östliches
und ein westliches Lager gespalten. Der sowjetische
Kommunismus erschien dem westlichen Europa als eine
gefährliche Bedrohung, und die Klischee-Vorstellung,
daß alles, was aus dem Osten komme, "böse" sei, begann
sich auszubreiten (2). Die Darstellung einer Liebe
zwischen einer deutschen Offiziersfrau und einem so-

1) Vgl. Max Frisch: Kultur als Alibi, R 15-24
2) Vgl. E.Stäuble, a.a.O. S.128-131

wjet-russischen Offizier mußte deshalb eine besonders
aufreizende Wirkung erzielen (1), die den Beweis dafür erbrachte, daß das nationale Klischee-Denken durch
den Krieg verschärft worden war.

Agnes und Stepan sind frei von Vorurteilen. Die
Unmöglichkeit, sich sprachlich zu verständigen, weist
auf die tiefere Bedeutung des Stückes hin. Die Sprache, die Frisch als ein Träger des Vorurteils ansieht,
kann sich nicht als Hindernis zwischen sie stellen (2);
sie sind gezwungen, sich jenseits der sprachlichen Verständigung gegenseitig zu erfahren. Agnes begegnet
Stepan mit Vertrauen und fordert von ihm, daß er in
ihr nicht die Deutsche sehe, sondern einen Menschen.
Stepan erwidert dieses Vertrauen; sie stehen sich "offen" gegenüber.

Es zeigt sich, daß die Liebe im Sinne eines Offen-
seins gegenüber dem anderen die Fixierung des Menschen
durch nationale Bildnisse überwinden kann. Mit diesem
Thema weist Max Frisch über die zeitgeschichtlichen
Zusammenhänge des Stückes hinaus. Im politischen Sinne ist das Stück gegen den Nationalismus des 20. Jahrhunderts geschrieben, doch der Nationalismus ist nur
eine unter vielen Möglichkeiten, den Menschen durch
ein Bildnis zu fixieren. Von einer politischen Konstellation ausgehend, gelangt Max Frisch zu allgemeinen Problemen des heutigen Menschenbildes.

c) Die Chinesische Mauer (3)

Die Frage nach der politischen Verantwortlich-

---

1) Frisch vermerkt im Tagebuch zur Uraufführung des
   Stückes: "Kleine Schlägerei im Foyer". Tb 337

2) Zur Deutung der Sprache bei Max Frisch vgl. Kap. II

3) Zur Interpretation des Stückes vgl. Walter Jacobi:
   Die Chinesische Mauer, DU 13 (1961) S.93-108; Walter
   Ziskoven: Zur Interpretation des modernen Dramas,
   Frankfurt 1961, S.132ff; H.Karasek, a.a.O. S.30-39;
   H.Bänziger, a.a.O. S.63-67; E.Stäuble, a.a.O. S.89-
   98; C.Petersen, a.a.O. S.32-34;

keit des einzelnen stellt sich angesichts der Katastrophe von 1945. Die Atombombenexplosionen haben gezeigt, daß dem Menschen die Vernichtung der gesam-
ten Welt möglich geworden ist. Ein neuer Krieg kann
damit das Ende der Menschheit bedeuten; es muß alles
getan werden, um ihn zu verhindern.

> Eine Gesellschaft, die den Krieg als unvermeidlich
> erachtet, können wir uns nicht mehr leisten (I,
> 232) (1),

so lautet das Motto des Dramas. Dem Intellektuellen,
der sich aufgrund seines Wissens der Gefahr am stärk-
sten bewußt wird, fällt dabei die Aufgabe zu, seine
Kenntnisse den anderen mitzuteilen und sie zu warnen.
Wie weit er damit jedoch etwas gegen die Macht aus-
zurichten vermag, diese Frage steht im Mittelpunkt
des Dramas. Sie wird im Stück als eine Auseinandersetzung zwischen dem chinesischen Diktator und dem
Intellektuellen aus dem 20. Jahrhundert gestaltet.
Beide werden in ihrer Stellung zum Volk gezeigt und
in ihrem gesellschaftlichen Verhalten charakterisiert.

Der Kaiser von China ist eine Verkörperung der
Macht. Alle staatliche Gewalt liegt in seinen Händen:
Gesetzgebung, Verwaltung, Gerichtsbarkeit, Wirtschaft
und Militär. Seine Macht ist wie ein starres Ordnungssystem über die ganze Welt verbreitet:

> Die Welt ist unser, das aber heißt: es gibt auf
> dieser Welt nur noch eine einzige Ordnung, unsere
> Ordnung, die wir nennen die große Ordnung und die
> wahre Ordnung und die endgültige Ordnung ... So wie
> es ist, wird es bleiben. Wir werden jede Zukunft
> verhindern (I, 187).

Die Diktatur wird von Max Frisch als der Versuch gedeutet, die Geschichte durch eine Fixierung zu ver-

---

1) Bei der Aufführung der "Chinesischen Mauer" zu den
   Ruhrfestspielen in Recklinghausen, Mai 1968, wurde
   ein Plakat mit dem Motto: "Eine Gesellschaft, die
   den Krieg als unvermeidlich erachtet, können wir
   uns nicht mehr leisten", - über die Szene gehängt.

hindern. Ein Symbol (1) für diese Erstarrung ist die
"Chinesische Mauer" (2), die den Machtbereich des Kai-
sers eingrenzt und dazu bestimmt ist, das Leben zum
Stillstand zu bringen.

Das Volk wird im totalitären Staat wirtschaft-
lich ausgebeutet und moralisch unterdrückt. Es ist
gezwungen, an der Erweiterung und Festigung des Macht-
bereiches mitzuarbeiten. Der Mauerbau dient dazu, im
Volk ein nationales Zusammengehörigkeitsgefühl zu erwecken und es dadurch an seinen Kaiser zu binden. Sollte es dennoch zu Unruhen kommen, so wird die Unzufrie-
denheit durch einen Krieg auf andere Völker gelenkt.
Der Kaiser selbst enthüllt sein Herrschaftsprinzip:

> Ich selbst mache den Krieg, um eure Wut auf die an-
> deren zu lenken, um mich zu retten mit eurer Vater-
> landsliebe (I, 217).

Die nationale Ideologie erweist sich damit als ein
Machtinstrument des Kaisers. Sie dient dazu, seinen
Imperialismus zu rechtfertigen und ihn als den Ver-
walter des Volkswillens hinzustellen.

Die Stellung des Volkes in einem Machtstaat wird
symbolisch durch die Verurteilung des Stummen, Min
Ko, der "Stimme des Volkes", zum Ausdruck gebracht:
Das Volk hat keine Stimme; es ist stumm und wehrlos.
Jeder Entscheidungsfreiheit enthoben ist es zum Werk-
zeug der Macht degradiert. "Wer das Volk ist, bestimmen die Herrscher" (I, 202).

---

1) Frischs Dramen enthalten, besonders in der frühen
   Phase eine große Anzahl von Symbolen, wie z.B. die
   Mauer, der Keller, die Insel, usw. -, mit denen der
   Dichter existentielle Situationen des Menschen des
   20. Jahrhunderts bildlich zu deuten versucht, Zur
   Verwendung der Symbole vgl. auch Kap. II, A 1

2) Das Symbol der "Chinesischen Mauer" erscheint bei
   Max Frisch bereits 1945 in der Prosaskizze "Bin oder
   die Reise nach Peking": Jenseits der Chinesischen
   Mauer findet der sich selbst entfremdete Soldat zu
   seinem eigenen Ich zurück. Es wird deutlich, daß
   das Symbol mit dem Thema der "Entfremdung" im Zusammenhang steht; vgl. Kap.I, B 1 und H.Bänziger,
   a.a.O. S.63f

Zwischen dem Herrscher und den Beherrschten stehen die Funktionäre, die im Stück als Zeremonienmeister und Mandarine auftreten. Ihre Aufgabe ist es, darauf zu achten, daß die "Ordnung" gewahrt wird. Es
sind zur Funktion erstarrte Menschen, die weder einen
eigenen Namen, noch eine eigene Sprache haben. Alle
Zeremonienmeister heißen "Da Hing Yen". Ihre Sätze bestehen aus einstudierten Parolen, in denen der Kaiser
verherrlicht wird.

Das Wesen der Diktatur als eines starren, zen-
tral gelenkten Staatsgefüges ist zu allen Zeiten
gleich. Neben dem Kaiser von China führt Max Frisch
andere Herrschergestalten ein, wie z.B. Napoleon,
der den imperialistischen Zug der Diktatur betont,
Philipp von Spanien, der die ideologische Tyrannisie-
rung des Volkes vertritt, u.a. Schließlich ist von
einem Herrn namens Hitler (I, 188) und den Herren aus
Moskau (I, 188) die Rede. Sie setzen die Reihe der
Diktatoren bis in die heutige Zeit fort.

Die Gestalt des Heutigen verkörpert den Intellektuellen und seine politische Verantwortung im
Staat. Er hat drei Aufgaben: (1)
1. eine wissenschaftliche - das Suchen nach der
   Wahrheit;
2. eine öffentliche - das Verkünden der Wahrheit;
3. eine politische - das Durchsetzen der Wahrheit;
   (2)

---

1) Zur Gestalt des Intellektuellen und seinen politischen Aufgaben im Staat vgl. Walter Jacobi, a.a.O.
2) Die Gestalt des Heutigen spiegelt Frischs Auseinandersetzung mit Brecht wider. Brechts Auffassung
   von der Aufgabe des Intellektuellen im Machtstaat
   (vgl. Fünf Schwierigkeiten beim Schreiben der Wahrheit, 18/222f) wird von Frisch aufgenommen und in
   der Gestalt des Heutigen dargestellt. Im Gegensatz
   zu Brecht kommt Frisch jedoch zu dem Ergebnis, daß
   der Intellektuelle der Macht gegenüber ohnmächtig
   ist, weil er keinerlei Einfluß auf das Volk ausübt.

Die wissenschaftlichen Erkenntnisse der Relativitätstheorie, die die objektive Gültigkeit jedes Be-
zugsystems in Raum und Zeit in Frage stellen, haben
das Weltbild verändert (1). Eine objektiv sinnvolle
Weltordnung scheint unmöglich, da Zeit und Raum nur
als relative Größen, d.h. in Relation zum Menschen vorhanden sind. Die Diktatur, in der Max Frisch den Versuch sieht, die Zeit aufzuhalten und den Raum einzu-
grenzen, wird damit als sinnlos erkannt. Darüber hinaus aber ist sie gefährlich, weil sie die wissenschaftlichen Erkenntnisse einseitig zu ihren Zwecken ausnutzt. So hat die Relativitätstheorie als Voraussetzung für die Atomforschung die Wasserstoffbombe ermöglicht, und damit ist das, was theoretisch die Unsinnig-
keit von Macht im Sinne einer Fixierung von Raum und
Zeit (2) zu beweisen scheint, in den Händen des Dikta-
tors zu einer unüberwindlichen Machtkonzentration geworden.

Wir befinden uns im Zeitalter der Wasserstoffbombe ... Wer heutzutage ein Tyrann ist, ... ist ein Tyrann über die gesamte Menschheit. Er hat (was in
der Geschichte der Menschheit erstmalig ist) ein
Mittel in der Hand, um sämtlichem Leben auf der
Erde ... den Garaus zu machen (I, 231).

Das Wissen um die Gefahr bedeutet eine Verantwortung gegenüber denen, die in Gefahr sind. Der Intellektuelle verkündet die Wahrheit, weil er sich seiner
Verantwortung bewußt ist. – So mischt sich der Heutige
unter die Gäste des chinesischen Hofes und beschreibt
ihnen die katastrophalen Folgen einer Atombombe. Vor
der Gewalt aber weicht er zurück. Der Kaiser zwingt
ihn mit dem Dolch in der Hand, die Wahrheit zu ver-
schweigen und seine Geisteskräfte in den Dienst des

---

1) Zur Interpretation des naturwissenschaftlichen
   Weltbildes im 20. Jh. durch Max Frisch vgl. Kap.
   II, A

2) Frisch versucht, den politischen Machtbegriff durch
   den physikalischen Begriff der Macht = Energie zu
   deuten. Vgl. Kap. II

Staates zu stellen. Der Intellektuelle wird eingeglie-
dert in das Ordnungssystem der Macht. Er gilt als Hofnarr und wird nicht ernst genommen. So ist das Verkünden der Wahrheit, wie schon die Wahrheitssuche in sein
Gegenteil verkehrt: Die Intelligenz des Heutigen dient
dem Kaiser dazu, noch unbarmherziger gegen seine Feinde vorzugehen. Der Heutige assistiert beim großen
Schauprozeß, in dem der Stumme, das Symbol des Volkes,
gefoltert wird. Mit Orden wird er für seine Verdienste
belohnt; seine Eingliederung in das Machtsystem ist
damit endgültig dokumentiert.

Das Suchen und Verkünden der Wahrheit erweist sich
im Machtstaat als gefährlich. Die Arbeit des Intellektuellen wird in ihr Gegenteil verkehrt: sein Wissen
wird dazu verwendet, noch gewaltigere Machtmittel herzustellen, seine geistigen und rednerischen Fähigkei-
ten werden vom Tyrannen dazu benutzt, den eigenen
Willen durchzusetzen. Der Intellektuelle ist ohnmächtig, solange er sich damit begnügt, die Wahrheit zu
suchen und zu verkünden. Er muß Mittel finden, sie
durchzusetzen (1). Das bedeutet, daß er sich mit denen verbinden muß, die für die Wahrheit zu kämpfen bereit sind. Im Volk, das unter der Macht leidet, glaubt
der Intellektuelle, einen Partner zu finden. Er gibt
sich als "Stimme des Volkes" aus und protestiert in
dessen Namen gegen den Tyrannen. Doch der Heutige
täuscht sich. Das Volk will sich nicht von ihm bevor-
munden lassen, denn es hat inzwischen einen aufsässi-
gen General als Führer gefunden, der die Unzufrieden-
heit des Volkes ausnutzt, um selber an die Macht zu

---

1) Vgl. Brecht: Fünf Schwierigkeiten beim Schreiben
   der Wahrheit, 18/222ff. Neben dem Mut, die Wahrheit
   zu schreiben und der Klugheit sie zu erkennen, nennt
   Brecht die Kunst, sie handhabbar zu machen als eine
   Waffe, das Urteil, jene auszuwählen, in deren Händen sie wirksam wird, die List, sie unter diesen zu
   verbreiten.

kommen. Die Menge folgt dem Revolutionär, ohne zu erkennen, daß dieser sie in eine neue Diktatur führen
wird.

Der Versuch des Intellektuellen, sich mit dem
Volk gegen die Macht zu vereinen, scheitert. Er muß
erkennen, daß er ohnmächtig ist, weil er außerhalb
der Gesellschaft steht und von niemandem, weder dem
Herrscher noch dem Volk, ernstgenommen wird. Resignierend bekennt der Heutige am Ende des Stückes, daß
er alles gesagt und getan, aber nichts erreicht hat.
"Dennoch mußt du es sagen" (I, 244), antwortet Mee Lan,
die chinesiche Prinzessin. Die politische Verantwortung des Intellektuellen besteht darin, die Wahrheit
trotz aller Hindernisse zu suchen und zu verkünden
und sich gegen die Macht aufzulehnen, selbst wenn seine Opposition keinen Erfolg hat.

Wieder, wie schon in den ersten Stücken "Nun singen sie wieder" und "Als der Krieg zu Ende war" ist
es die Liebe, die die Wahrheitssuche unterstützt, indem sie den Menschen aufnahmebereit macht gegenüber
seiner Umwelt. Symbolisiert durch das Maskenpaar Romeo und Julia stellt sie sich der Zerstörungswut des
Menschen entgegen:

O sel'ge Welt! O bittre Welt! Wir lieben dich,
du sollst nicht untergehn (I, 243).
Die Liebe verhindert die Resignation des Intellektuellen. Sie ist es, die ihm die Kraft gibt, seine Aufgabe: das Suchen, Verkünden und Durchsetzen der Wahrheit als eine politische Verantwortung zu begreifen.

Neben der Gestalt des Heutigen erscheinen im
Reigen der Masken weitere "historische" Intellektuelle,
die das Thema Wahrheitssuche und politische Verantwortung variieren: Columbus symbolisiert den Intellektuellen als Wissenschaftler, der bei seiner Wahrheitssuche nicht danach fragt, welche politischen Wirkungen
seine Entdeckung haben könnte.

Um ganze Völker auszurotten, wie es später im Namen der spanischen Krone geschah, dazu sind wir
nicht ausgefahren (I, 166).

Die Wahrheitssuche des Columbus wird machtpolitisch
ausgenutzt. Der Wissenschaftler kann sich gegen die
politische Verwendung seiner Entdeckung nicht zur
Wehr setzen.

Ein weiterer Intellektueller ist Pilatus. Er verkörpert den Staatsmann, der sich von der Macht in seiner Suche nach der Wahrheit beeinflussen läßt. Obwohl
er von der Unschuld Jesu überzeugt ist, gibt er den
Befehl, ihn zu kreuzigen. Unter dem Druck der Masse
handelt er gegen die Wahrheit und versucht sich von
der Verantwortung freizusprechen, indem er sie auf
die Umstände schiebt:

Ich bin unschuldig am Blut dieses Gerechten (I,
214) (1).

Brutus schließlich ist ein Intellektueller, der
die Wahrheit durchzusetzen versucht. Er erkennt, daß
ein Diktator dem Staat gefährlich werden kann und er-
mordet Caesar. Sein Handeln entspringt der Einsicht
in Verbindung mit politischer Verantwortlichkeit.
Trotzdem ist damit die Wahrheit nicht für alle Zeiten
durchgesetzt. "Caesar, so dacht' ich, sei tot" (I,186),
ruft Brutus beim Anblick des chinesischen Kaisers.
Im Kreislauf der Geschichte muß die Macht immer wieder von der Wahrheit besiegt werden und dieser Sieg
ist nur möglich, wenn die Wahrheitssuche von der politischen Verantwortung eines einzelnen getragen wird.

Die Frage nach der politischen Verantwortung des
Intellektuellen wird von Max Frisch beantwortet mit
einem Appell an die sittliche Entscheidungsfreiheit

---

1) Zur Verwendung von Zitaten aus der Weltliteratur
bei Max Frisch vgl. Kap. II, A 1

des einzelnen. Nicht das Volk wird den Untergang der
Welt verhindern, sondern der einzelne, der sich gegen
die Macht auflehnt. Das Bewußtsein seiner Ohnmacht
darf ihn von der Opposition nicht abhalten.

Damit findet der Dichter von der Gestaltung der
politischen Ereignisse zu seinem eigentlichen Thema:
dem einzelnen Menschen. Das Stück "Die Chinesische
Mauer" stellt innerhalb des Dramenschaffens des Autors
einen Übergang dar. Die Fragestellung steht unter dem
Einfluß von Brecht: das Verhältnis von Diktator, Volk
und Intellektuellem wird als ein gesellschaftliches
Problem behandelt (1). Die Erkenntnis des Heutigen,
daß eine Revolution die Welt nicht ändert, und daß
es allein darauf ankommt, im einzelnen das Verantwortungsbewußtsein zu wecken, spiegelt Frischs Abwen-
dung von Brecht wider. Stand in den ersten drei Stük-
ken die politische Verhaltensweise des Menschen im
Mittelpunkt, so wird in den späteren Dramen ein Menschenbild entworfen, in dem das politische Handeln
als Funktion des privaten angesehen wird.

B. Das Bild des "entfremdeten" Menschen

    1. Der Begriff der "Entfremdung"

    a) Der Begriff der "Entfremdung" im Marxismus (2)

        Seit der Erscheinung der "Pariser Manuskripte"

---

1) Näheres zu Frischs Auseinandersetzung mit Brecht
   vgl. Kap. III

2) Zum Begriff der "Entfremdung" im Marxismus vgl.:
   Ernst Bloch: Entfremdung, Verfremdung, in: Verfrem-
   dungen I, Frankfurt 1962, S.81ff; - Irving Fetscher:
   Die Anthropologie des jungen Marx und der Begriff
   der Entfremdung, in: Von Marx zur Sowjetideologie,
   Frankfurt 1963, S.12-18; - Ernst Fischer: Entfrem-
   dung, Dekadenz, Realismus, in: Sinn und Form, Nr.
   5/6 (1962), S.816-854; - Ernst Fischer; Kunst und
   Koexistenz, Hamburg 1966; - Karl Löwith: Von Hegel
   bis Nietzsche, Stuttgart 1964; - Georg Lukács: Die
   Entäußerung und ihre Rücknahme ins Subjekt, in: Die
   Eigenart des Ästhetischen I, Neuwied 1963, S.532ff;
   Heinz Popitz: Der entfremdete Mensch, Basel 1953;

von Karl Marx aus dem Jahre 1844 (1) gilt die Entfremdung des Menschen als eine typische Erscheinungsform
der kapitalistischen Gesellschaft. Marx kennzeichnet
den Menschen im Anschluß an Hegel (2) als ein Wesen,
das sich durch seine eigene Arbeit verwirklichen muß.
Im Prozeß der Arbeit gewinnt das Wesen des Menschen
äußerlich sichtbare Gestalt; es "entäußert" sich. Während Hegel in der Geistigkeit das wichtigste Merkmal
des Menschen sieht, stellt Marx das konkret-sinnliche
Wesen in den Vordergrund und hält die Beziehung zur
Gemeinschaft, die Gattungszugehörigkeit, für ausschlag-
gebend zur Verwirklichung des Menschen. Die theore-
tischen Gedankengänge Hegels werden von Marx auf kon-
kret-gesellschaftliche Verhältnisse umgedeutet. Bei
Hegel "entäußert" der Mensch sein geistiges Wesen in
die Arbeit - der produzierte Gegenstand spiegelt die
"wirklich gewordene Geistigkeit" wider und verhilft
dem Menschen auf diese Weise zum Bewußtwerden seiner
selbst. Bei Marx dient die "Entäußerung" dem Menschen
dazu, sich als Gattungswesen zu verwirklichen. Das
Produkt seiner Arbeit ist eine Vergegenständlichung
seiner konkret-sinnlichen Wesenheit:

> In der Bearbeitung der gegenständlichen Welt be-
> währt sich der Mensch als Gattungswesen. Dadurch
> erscheint die Natur als sein Werk und seine Wirk-
> lichkeit. Wie der Mensch nur in der wahren Gemein-
> schaft seine "allgemeine" Wesenskraft entfalten
> kann, so verwirklicht er nur in der "wahren mensch-
> lichen Arbeit" seine "gegenständlichen" Wesenskräf-
> te (3).

---

1) Marx-Engels Gesamtausgabe (MEGA) 1. Abt., Bd.3,
   1932;

2) Der Begriff der "Entäußerung" oder "Entfremdung"
   wird von Hegel in der "Phänomenologie des Geistes"
   (1807) entwickelt. Während er bei Hegel ein spezi-
   fisch phänomenologisches Stadium des zur Erkenntnis seiner selbst kommenden "Geistes" (vgl.Popitz,
   a.a.O. S.69) darstellt, erfährt er durch Feuerbach
   und Marx eine Ausweitung im anthropologischen und
   soziologischen Bereich. "Entfremdung" ist bei Marx
   der allgemeine Zustand des Menschen in der kapitalistischen Gesellschaft.

3) Marx: Ökonomisch-philosophische Manuskripte, Berlin
   1955

Gerade die Verwirklichung des Menschen in der
"wahren menschlichen Arbeit" ist jedoch im Gesellschaftssystem des Kapitalismus nicht möglich. Da die
Arbeit und ihr Produkt dem Arbeiter nicht selbst ge-
hören, sondern dem Unternehmer, bedeutet der Prozeß
der "Entäußerung" in der Arbeit keine "Verwesentlich-
ung" des Menschen, sondern eine "Entfremdung". Der
Mensch arbeitet in der kapitalistischen Gesellschaft
nicht, um seine Wesenskräfte zu entfalten, sondern
um Geld zu verdienen und sich rein biologisch am Leben zu erhalten. Die Arbeit ist Mittel zum Zweck der
Selbsterhaltung und steht in keiner wahren Beziehung
zum Wesen des Menschen, sie ist ihm "fremd".

> Der Gegenstand, den die Arbeit produziert, ihr Pro-
> dukt, tritt ihr als ein fremdes Wesen, als eine von
> dem Produzenten unabhängige Macht gegenüber (1).

Eine Konsequenz der "entfremdeten" Arbeit ist die
Macht der Dinge über den Menschen. Eine weitere Folge
ist die Entfremdung der Menschen untereinander. Solange nicht jeder die gleiche Möglichkeit hat, sich durch
seine Arbeit als Gattungswesen zu verwirklichen und
sich damit als ein Glied der menschlichen Gemeinschaft
zu beweisen, ist eine "wahre Gemeinschaft" nicht möglich.

Marx sieht in der Aufhebung des kapitalistischen
Systems von "Herrschaft und Knechtschaft" die einzige Möglichkeit, die Entfremdung des Menschen zu beseitigen. Durch eine Revolution der proletarischen Massen wird das bürgerlich-kapitalistische Klassensystem
abgeschafft und eine klassenlose Gesellschaft eingeführt. In der Errichtung einer solchen kommunistischen
Gemeinschaft sieht Marx auch den Sinn der geschichtlichen Entwicklung. Die Geschichte strebt von Anfang

---

1) Marx-Engels: Kleine ökonomische Schriften, 1955,
   S.98

an auf dieses Ziel zu. Ihr Fortschritt besteht darin, sich auf dialektischem Weg, durch Klassenkämpfe,
der kommunistischen Gesellschaft und der darin statt-
findenden Aufhebung der Entfremdung des Menschen zu
nähern (1). Nur eine klassenlose Gesellschaft kann
jedem einzelnen volle Selbstentfaltung gewährleisten
und damit das Ideal des "allseitigen" Menschen verwirklichen (2).

Der Begriff der "Entfremdung" im Marxismus läßt
sich auf drei Hauptmerkmale zusammenfassen (3):

1. Der Mensch ist sich selbst entfremdet, weil er
   in der Lohnarbeit sein Wesen nicht verwirklichen
   kann; er ist gespalten.

2. Das Produkt der Arbeit ist dem Menschen entfremdet
   und tritt ihm als eine ihn beherrschende Macht
   gegenüber; der Mensch ist bedroht von der Welt
   der Dinge.

3. Durch die Unmöglichkeit des Menschen, sich als
   Gattungswesen zu verwirklichen, tritt eine Entfremdung der Menschen untereinander ein; sie sind
   isoliert.

---

1) Vgl. Irving Fetscher: Die Marxsche Geschichtsphi-
   losophie, a.a.O. S.21ff
2) Zum Begriff des "allseitigen" Menschen vgl. Irving
   Fetscher, a.a.O. S.15ff
3) In Hinblick auf das übergeordnete Thema des Kapitels: die literarische Verwendung des Entfremdungs-
   begriffes - sind die soziologisch-ökonomischen
   Aspekte nur angedeutet worden. Näheres dazu vgl.
   besonders Irving Fetscher und Heinz Popitz.

b) **Der Begriff der "Entfremdung" aus der Sicht des**
Existentialismus (1)

Zur gleichen Zeit wie Karl Marx setzt sich Sören Kierkegaard mit der Hegelschen Philosophie auseinander und versucht aus der Kritik an dem systema-
tischen Denkgebäude Hegels über die Existenzbedingungen des modernen Menschen Klarheit zu gewinnen (2).
Er konstatiert ähnliche Symptome eines sich selbst
und der Welt fremd gewordenen Menschen. Im Gegensatz
zu Marx führt er diese Entfremdung jedoch nicht auf
das kapitalistische Gesellschaftssystem zurück, sondern hält sie für eine Grundbedingung des Daseins,
der sich der Mensch des 19. Jahrhunderts zum ersten
Mal voll bewußt wird (3). Er erfährt in einem ihn
plötzlich überkommenden Gefühl der Angst und der Ohnmacht gegenüber den Dingen das Leben als absurd und
sinnlos (4). Ohne die Gewißheit einer Zielsetzung
seines Daseins sieht er sich in das "Nichts" gestellt
(5). Doch er lehnt sich auf gegen die Absurdität,

---

1) Zum Begriff der "Entfremdung" und der "Absurdität"
   im Existentialismus vgl.: Nicola Abbagnano: Philosophie des menschlichen Konflikts. Eine Einführung
   in den Existentialismus, Hamburg 1957, rde 43; -
   Albert Camus: Der Mythos von Sisyphos. Ein Versuch
   über das Absurde, Hamburg 1962, rde 90; - Hans Friemond: Existenz in Liebe nach Sören Kierkegaard,
   München 1965; - Ernesto Grassi: Was ist Existentialismus? in: N.Abbagnano a.a.O. S.73-124; - Karl
   Löwith: Von Hegel bis Nietzsche, Stuttgart 1964; -
   Liselotte Richter: Camus und die Philosophie in
   ihrer Aussage über das Absurde; in: A.Camus a.a.O.
   S.113-141; - Jean-Paul Sartre: Marxismus und Existentialismus, Hamburg 1964, rde 196;

2) Zur Hegelkritik vgl. K.Löwith a.a.O. S.125ff

3) Die Entfremdung wird von den Existentialisten als
   eine Tatsache hingestellt, die keine logische Er-
   klärung zuläßt.

4) Vgl. S.Kierkegaard: Der Begriff Angst. Werke Bd.I,
   Hamburg 1960

5) Der Begriff des "Nichts" wird besonders von Hei-
   degger undSartre aufgenommen und weitergeführt.
   Vgl. E.Grassi a.a.O. S.93ff

indem er dem objektiv sinnlosen Dasein eine subjektive Erfüllung zu geben versucht und sich seine sittlichen Wertmaßstäbe selbst setzt.

Im Bewußtwerden der Absurdität und der daraus
folgenden Entscheidung zu einem ethischen Dasein sieht
Kierkegaard das Paradox des menschlichen Lebens. Die
Gewißheit einer Sinnlosigkeit des Daseins kommt einem
Glauben an Gott gleich (1), denn erst durch die Erfahrung der Absurdität in der Angst werden die sittlichen
Kräfte herausgefordert. Die Selbstwahl entspringt damit dem Glauben an das Paradox der Existenz als einer
dem Menschen übergeordneten, objektiv gegebenen und
also "göttlichen" Lebensbedingung.

Während Marx die Entfremdung durch eine Revolution der Massen überwinden zu können glaubt, ist Kierkegaard davon überzeugt, daß nicht die Idee des Sozialismus die Menschheit retten wird (2), sondern die
Besinnung des einzelnen auf seine sittliche Verantwortung als Mensch. Indem das Individuum sich selbst
wählt, bekennt es sich zu einer menschlichen Existenz
und bestätigt damit die Möglichkeit einer Sinngebung
des Daseins. Es wählt in sich den Menschen schlecht-
hin und verwirklicht ihn in einer individuellen Ausprägung (3). Kierkegaard geht davon aus, daß jeder
Mensch eine unverwechselbare Individualität besitzt,
die er zunächst erkennen und dann verwirklichen muß.
Es genügt also nicht, sich selbst "theoretisch" zu
verstehen, sondern es geht um eine "Aneignung dieses

---

1) Camus spricht von einer "Vergottung des Absurden"
   bei Kierkegaard, vgl. Camus a.a.O. S.102ff
2) Vgl. K.Löwith a.a.O. S.175ff
3) Die Existentialisten des 20. Jh., besonders Camus,
   sehen den Akt der Selbstwahl als einen Akt der
   Solidarität gegenüber den Mitmenschen. Der einzelne schenkt durch die Selbstwahl allen anderen den
   Glauben an eine mögliche Sinngebung des Daseins.

Verständnisses in der ständigen Selbstverwirklichung
mittels der Wiederholung" (1). In dem Begriff der "Wiederholung" wird die Form der existentiellen Selbstwahl bei Kierkegaard offenbar (2): Einerseits bedeutet das Sich-Wiederholen des Menschen ein Sich-selbst-
in-die-Wirklichkeit-Holen, Sich-Verwirklichen. Andererseits wird durch die "Wiederholung" zum Ausdruck
gebracht, daß die Selbstwahl niemals abgeschlossen
ist, sondern eine immer neu zu bewältigende Aufgabe
darstellt.

Kierkegaard unterscheidet zwischen einem ästhetischen und einem ethischen Existenzstadium. Der Äs-
thetiker glaubt, aus einer Fülle von Existenzmöglichkeiten auswählen zu können und verfehlt die Wahl seiner selbst aus Entschlußlosigkeit. Er möchte auf das
Bewußtsein, eine unbeschränkte Zahl von Möglichkeiten
zur Verfügung zu haben, nicht verzichten, verkennt
dabei aber die Tatsache, daß es immer nur eine Möglichkeit gibt: die Wahl seiner selbst, die ihn mit
sich selbst identisch macht. Erst durch die Selbstwahl gelangt der Mensch in das ethische Stadium. Er
übernimmt bewußt die volle Verantwortung für sein
Handeln und die innere Verpflichtung, seinem Selbst
treu zu bleiben:

> Sieh, darum ist es so schwer, sich selbst zu wäh-
> len, weil in dieser Wahl die absolute Isolation
> mit der tiefsten Kontinuität identisch ist, weil
> durch sie jede Möglichkeit, etwas anderes zu wer-
> den, vielmehr sich in etwas anderes umzudichten,
> unbedingt ausgeschlossen wird (3).

Die Selbstwahl ist nur durch die Liebe und in der
Liebe möglich. Gott wird von Kierkegaard als das Prinzip der Liebe verstanden (4). Indem der Mensch sei-

---

1) Vgl. Hans Friemond a.a.O. S.17
2) Kierkegaard: Die Wiederholung, Werke Bd.II, Hamburg
   1966;
3) Dieses Kierkegaard-Zitat (aus "Entweder-Oder") steht
   als Motto über dem Roman "Stiller" von Max Frisch.
4) Vgl. H.Friemond a.a.O.

ner selbst bewußt wird, begreift er seine Verantwortung gegenüber dem Nächsten. In der Selbstwahl offenbart sich damit die Liebe der Menschen untereinander als ihre objektive Existenzbedingung. Nur durch die Liebe als einer Verwirklichung des göttlichen Prinzips kann die Entfremdung überwunden werden.

Von den Existentialisten des 20. Jahrhunderts wird der Begriff der ethischen Selbstwahl des Menschen aufgenommen und aus seiner Beziehung zum Christentum gelöst (1). Die französischen Existentialisten sehen in der "Revolte" (2) des Menschen gegen die "Etrangeté" der Welt den Befreiungsakt, der den einzelnen zu einer Selbstbefreiung führt.

Diese Selbstdetermination fehlt in der marxistischen Theorie. Dort führen die Umweltbedingungen die Entfremdung herbei, und deshalb kann sie nur durch eine Veränderung der gesellschaftlichen Struktur überwunden werden. Der Marxist glaubt an die existenzverändernde Wirkung einer Revolution. Ein kommunistisches System führt den Menschen zu echtem gesellschaftlichem Bewußtsein und damit zu wahrer Selbstverwirklichung.

Der Existentialist dagegen geht davon aus, daß das Wesen des Menschen von der Gesellschaftsstruktur unabhängig ist. Die Absurdität des Daseins wird dem einzelnen zwar nicht in jeder Gesellschaft gleich stark bewußt, sie ist aber als eine Grundbedingung des Daseins unveränderbar. Die Überwindung der Entfremdung ist damit keine objektiv lösbare Frage wie im Marxismus, sondern nur vom Individuum subjektiv

---

1) Vgl. L.Richter a.a.O.
2) Albert Camus: Der Mensch in der Revolte, Hamburg 1963 (franz. L'homme révolté, Paris 1951); zum Begriff der Revolte vgl. Norbert Kohlhase: Dichtung und politische Moral, München 1965. Kohlhase vergleicht in einer Gegenüberstellung von Brecht und Camus die Begriffe der Revolte und der Revolution.

zu leisten. Zwar gehen der Marxist und der Existentialist von den gleichen Symptomen aus: sie konstatieren
die Ohnmacht des Menschen in der technisierten Welt,
seine Spaltung und seine Isolation. Aber es besteht
ein grundsätzlicher Unterschied in der Begründung
des Zustandes und den Überwindungsvorschlägen.

c) Der Begriff der "Entfremdung" als Identitätsver-
   lust bei Max Frisch

Das Menschenbild in den Werken von Max Frisch
spiegelt eine Auseinandersetzung des Dichters mit dem
Marxismus und dem Existentialismus wider (1). Im Mittelpunkt steht die Frage, ob das Phänomen der Entfremdung ein gesellschaftliches oder ein existentielles
Problem sei.

.Frisch definiert den Menschen zunächst als ein
Wesen, das sich selbst zu wählen imstande ist, und
folgt damit der existentiellen Philosophie:

Die Würde des Menschen, scheint mir, besteht in
der Wahl ... Erst aus der möglichen Wahl ergibt
sich die Verantwortung (Tb 165).

---

1) Eine intensive Beschäftigung mit dem marxistischen
   Menschenbild fällt in die Jahre unmittelbar nach
   dem Krieg. Durch eine Reise nach Prag 1947 lernt
   Max Frisch das kommunistische System kennen und
   diskutiert mit Schauspielern und Schriftstellern
   die Frage, ob die Veränderung der Gesellschaftsstruktur eine Veränderung des Menschen zur Folge
   haben kann (vgl. Tb 164ff). - Frischs Bekanntschaft
   mit Bert Brecht im Jahre 1948 führt zu weiteren
   Gesprächen über das Menschenbild im Marxismus (vgl.
   Tb 221, 253, 285ff, 293f, u.a.). - Frischs Beschäftigung mit dem Existentialismus läßt sich weniger
   genau belegen. Er bekennt sich in seinem Roman "Stiller" zu einer Auseinandersetzung mit Kierkegaard. Dem
   Roman ist als Motto eine Passage aus Kierkegaards
   "Entweder-Oder" vorangestellt, und es wird mehrfach betont, daß der Held des Romans sich mit Kierkegaard beschäftigt. Diese Auseinandersetzung mit
   der existentialistischen Philosophie ist die Grundlage für Frischs Definition der Selbstentfremdung
   und Identitätssuche des Menschen.

Dagegen erhebt sich für ihn die Frage, ob der
Mensch in der heutigen Welt überhaupt die Möglichkeit
einer Wahl besitzt.

> Woher soll er (der Mensch) die Verantwortung neh-
> men gegenüber einer Gesellschaft, deren wirtschaft-
> liche Ordnung ihn vergewaltigt? ... Er wird nicht,
> was er werden kann, und niemals wird er wissen,
> was er kann ... (Tb 166).

Max Frisch ist sich mit den Marxisten darin einig,
daß das bestehende Gesellschaftssystem den Menschen ein-
engt und ihn daran hindert, sich selbst zu verwirklichen.
Diese Fixierung führt er jedoch nicht auf die ökonomi-
schen Verhältnisse allein zurück, sondern auf ein gesell-
schaftsbedingtes Zeitbewußtsein des Menschen. Er verknüpft die existentielle und gesellschaftliche Fragestellung, indem er das Phänomen der Entfremdung als einen
Bewußtseinszustand des Menschen definiert, der durch das
Gesellschaftssystem hervorgerufen wird. Sowohl in der
kapitalistischen als auch in der kommunistischen Gesellschaft ist der Mensch sich selber fremd, weil seine Umwelt ihm ein fixiertes Existenzbewußtsein vermittelt und
ihm damit die Offenheit sich selbst gegenüber nimmt. Das,
was der Mensch als sein Selbst erfährt, ist in Wirklichkeit eine "Rolle" (1), die die Gesellschaft ihm ohne oder
mit seinem Wissen aufzwingt.

Aus diesem Entfremdungsbegriff ergibt sich für Max
Frisch folgende Themenstellung:
a) Die Forderung nach einer Selbstwahl des Menschen und
der Glaube an seine daraus resultierende Freiheit bilden
die Grundlage für das Menschenbild. Man wird deshalb in
den Dramen von Max Frisch das Schicksal von Einzelpersonen behandelt sehen, denn -

> ... das menschliche Leben vollzieht sich oder ver-
> fehlt sich am einzelnen Ich, nirgends sonst (2).

---

1) Zum Thema des "Rollendaseins", vgl. Kap. II A, 3.
2) Max Frisch: Mein Name sei Gantenbein, Frankfurt
1964, S.103

b) Die Fähigkeit des Menschen, sich selbst zu wählen,
wird jedoch durch die Gesellschaft begrenzt. Um sich
selbst zu erkennen, muß der Mensch zunächst seine Determinierung durch gesellschaftliche Einrichtungen
und Vorstellungen durchbrechen. Sein Versuch, die
Fixierung aufzuheben, wird von Max Frisch als eine
Auseinandersetzung von Einzelperson und Gesellschaft
dargestellt.

c) Allein im Privatbereich hat der Mensch ungehindert
die Möglichkeit, sich selbst zu verwirklichen. In
seinem Verhalten zum Partner zeigt es sich, ob er
einer freien Entscheidung fähig ist und sich durch
die Liebe als ein selbstverantwortliches Wesen erweist. Das Gelingen oder Mißlingen der Beziehung der
Menschen untereinander entscheidet über ihre Existenz,
denn die Liebe wird von Max Frisch verstanden als ein
Sich-Befreien aus der Entfremdung durch die Selbstverwirklichung in der verantwortlichen Wahl des Part-
ners. Die Zentralstellung der Liebes- und Eheproble-
matik in den Dramen von Max Frisch erhält von hier
ihre Rechtfertigung.

Betrachten wir zunächst die Merkmale der Entfremdung: sie wurden als die Spaltung des Menschen,
seine Ohnmacht und seine Isolation definiert. Die
Spaltung erkennt Max Frisch in der Maskenhaftigkeit
und Sprachunsicherheit des modernen Menschen. Er
lebt nicht aus sich selbst heraus, sondern trägt ein
aufgesetztes, von gesellschaftlichen Vorurteilen be-
stimmtes Gesicht zur Schau und spricht eine Sprache,
die diesen, seinem eigenen Wesen fremden Vorstellungen entnommen ist.

Dieser Spaltung ist der Mensch sich größtenteils
nicht bewußt. Im Bürger sieht Max Frisch den Typ des
unwissenden Menschen verkörpert, der in der Entfremdung verharrt und keinerlei Versuch unternimmt, sie

zu überwinden. Er ist der materiellen Existenz soweit
verhaftet, daß er sich mit seinem Besitz identifiziert
und die Geistigkeit des Menschen verneint. Frischs
Dichtung richtet sich gegen den Bürger (1) als ein
Wesen, das sich in der Determinierung durch die Gesellschaft wohlfühlt, solange seine materielle Existenz
unangetastet bleibt. In "Biedermann und die Brandstifter" und "Andorra" gestaltet er diese Maskenhaftigkeit und Sprachunsicherheit des unbewußten Menschen.

Neben dem Typ des Unwissenden existiert in Frischs
Dramen der sich seiner Spaltung voll bewußte Mensch.
Frisch verkörpert ihn als das Gegenbild des Bürgers:
den Intellektuellen. In ihm lebt eine sehr starke
Idealvorstellung vom Leben, die der täglichen Wirklichkeit entgegengesetzt ist. Statt zu versuchen, beide Sphären miteinander zu vereinen, flieht der Intellektuelle in die Welt seiner Wunschvorstellungen.
Seine Flucht aus der Wirklichkeit äußert sich im 20.
Jahrhundert als eine Spezialisierung in der Wissenschaft. Sie läßt ein Streben nach logischer Vollkom-
menheit zu, das im Leben unmöglich ist. In "Don Juan
oder die Liebe zur Geometrie" gestaltet Max Frisch
den nach Klarheit suchenden Wissenschaftler. Eine romantische Version des Weltflüchtenden liefert er in
dem Vaganten Pelegrin aus "Santa Cruz", und in "Graf
Öderland" beschreibt er die Flucht eines Staatsanwalts in eine mythische Existenz.

Die Ohnmacht des Menschen äußert sich in Lebens-
angst und Langeweile. Sie wird sichtbar in der Unfähigkeit des einzelnen, eigene Entscheidungen zu fällen.
Er verharrt in Tatenlosigkeit und läßt sich von den
Ereignissen dahintreiben.

---

1) Zur antibürgerlichen Haltung Frischs vgl. Karl
   Schmid: Unbehagen im Kleinstaat, Zürich 1962,
   S.169ff

Der unbewußte Mensch, der Bürger, verliert, da
er sein Leben nach gesellschaftlichen Vorstellungen
richtet, jedes Beurteilungsvermögen. Er hat keine
eigenen sittlichen Wertmaßstäbe und kann deshalb nicht
zwischen Gut und Böse unterscheiden. So wenig, wie er
Gutes tun kann aus eigenem Antrieb, so kann er bewußt
böse sein oder Böses erkennen. Sich selbst hält er
immer für gut und ist sich daher keiner Schuld bewußt.
Das Thema der Schuldlosigkeit aus Ohnmacht bildet die
Grundlage für die Stücke "Biedermann und die Brandstifter" und "Andorra".

Der bewußte Mensch erkennt die Gefahren, aber
er steht ihnen ebenso tatenlos gegenüber. Seine Ohnmacht entspringt der Angst vor Entscheidungen und
ihren Konsequenzen. Er akzeptiert seine Entfremdung,
weil er nicht an ihre Überwindung glaubt. Zwar begreift der Intellektuelle seine Ohnmacht als Schuld,
aber er revoltiert nicht dagegen, sondern nimmt sie
hin als eine Existenzbedingung. Im Gegensatz zum Bürger weiß der Intellektuelle um Gut und Böse, aber er
vermag sein Wissen nicht anzuwenden. Sein sittliches
Bewußtsein hat keinen Einfluß auf sein Leben. Seit
der "Chinesischen Mauer" ist die Ohnmacht des Intellektuellen ein Zentralthema der Dramen Frischs, das
in jedem Stück wieder zur Sprache kommt, besonders
in "Don Juan oder die Liebe zur Geometrie" und "Biografie".

Die Isolation des Menschen äußert sich in seiner
Beziehungslosigkeit zu den Mitmenschen und der ihn
umgebenden Wirklichkeit. Da der entfremdete Mensch
seine sittlichen Kräfte nicht entfalten kann, entweder, weil er sich seiner Verantwortung nicht bewußt
ist, oder weil er diese Verantwortung zwar als eine
Bürde trägt, sie aber nicht anwendet, fehlt ihm das
gesellschaftliche Bewußtsein. In der Liebesunfähigkeit
zeigt sich seine Isolation. Solange der Mensch sich

selbst nicht gefunden hat, sind alle seine Beziehungen
nur die scheinbaren Verbindungen eines Pseudo-Ichs
zum anderen. In fast allen Dramen wird von Max Frisch
das Thema der Ehe und der Liebe behandelt und die Dialektik von Engagement und Offenheit in der Beziehung
zum Partner dargestellt.

Zusammenfassend läßt sich der Begriff der Entfremdung bei Max Frisch als eine Spaltung der geistigen, materiellen und moralischen Existenz des Menschen
definieren:
Der Bürger ist gekennzeichnet durch:
a) Verharren in der materiellen Existenz,
b) Verneinung der geistigen Existenz,
c) Unkenntnis der moralischen Existenz.
Der Intellektuelle ist gekennzeichnet durch:
a) Flucht in die geistige Existenz,
b) Verneinung der materiellen Existenz,
c) Verlust der moralischen Existenz.

Entsprechend wird die Identität eines Menschen
von Max Frisch begriffen als ein Bei-sich-Sein des
Individuums. Der mit sich selbst identische Mensch vereint seine geistige und materielle Existenz und ergreift
in der Liebe eine moralische Existenz, die ihm zur Verwirklichung seiner selbst verhilft. Das Streben nach
Identität wird von Max Frisch als Ziel des menschlichen
Lebens angesehen. In seinen Werken beschreibt er die
Stadien der Suche.

Das erste Stadium ist die Selbsterfahrung. Der
Bürger muß sich seiner geistigen Existenz bewußt werden und sich von gesellschaftlichen Vorurteilen befreien, um zu einer kritischen Lebenshaltung zu gelangen. Der Weg des Intellektuellen zur Identität hingegen führt über eine Anerkennung des alltäglichen materiellen Lebens. Seine überaus kritischen Maßstäbe be-
dürfen einer Begrenzung durch die Wirklichkeit.

Auf die Selbsterfahrung folgt die Selbstannahme,
d.h. die Bejahung der menschlichen Existenz in ihrer
Bedingtheit durch die Umwelt. War die Selbsterfahrung
mit einem Offen-Sein gegenüber dem eigenen Ich gleich-
zusetzen, so bedeutet die Selbstannahme ein Sich-Engagieren in die Wirklichkeit.

Daraus schließlich folgt das Bewußtwerden der moralischen Existenz. Im Selbstentwurf (1) versucht der
Mensch, sich als verantwortliches Wesen zu erweisen,
indem er sich bewußt in Beziehung setzt zu seiner Umwelt und dadurch Ohnmacht und Isolation überwindet.
Die Suche nach der Identität stellt eine tägliche Forderung an den Menschen dar. Sie bedeutet für ihn ein
wechselseitiges Sich-Öffnen, Sich-Engagieren und Sich-
Entwerfen.

2. Die Darstellung der Entfremdung in den Dramen
   von Max Frisch

a) Die Entfremdung als Spaltung in eine intellektuelle
   und eine bürgerliche Existenz

   aa) Santa Cruz (2)

   Der Rittmeister wird als ein "Mann der Ordnung"
bezeichnet, "das Gegenteil von einem Vaganten" (I,14).
Sein Grundsatz "Ordnung muß sein" (I,18) macht das Leben
auf dem Schloß zu einem gleichförmig ablaufenden Mechanismus. Die Ordnung und das Schloß als eine kunstvoll-
künstliche Behausung sind Symbole für die Entfremdung
des Rittmeisters (3). Er hat sich, als er vor siebzehn

---

1) Vgl. Abschnitt B,1
2) Zur Interpretation des Stückes vgl. H.Karasek a.a.
   O. S.16-22; - H.Bänziger a.a.O. S.54-58; E.Stäuble
   a.a.O. S.62-67; C.Petersen a.a.O. S.27-29
3) Edouard Stäuble weist auf die häufige Verwendung
   des "Ordnungs-Motivs" hin, a.a.O. S.39-42

Jahren zwischen der Ehe mit Elvira und einem Vagen-
tendasein wählen konnte, für das bürgerliche Leben entschlossen. Seine Ehe hat er einem strengen Ordnungssystem unterworfen und sie dadurch zu einem Gefängnis
gemacht. Die Erstarrung dieser Ehe wird durch den seit
sieben Tagen ununterbrochen fallenden Schnee bildlich
zum Ausdruck gebracht.

> Es schneit eine Stille ringsum, die immer höher und
> höher wird ... Stille, nichts als Stille und Schnee
> (I,21,51)

Das Leben auf dem Schloß ist in Gefahr, vollkommen
"einzufrieren". Es verläuft in Eintönigkeit und Langeweile. Der Rittmeister selbst ist machtlos gegenüber
der von ihm errichteten Ordnung. Eine kleine Szene
verdeutlicht seine Ohnmacht: Als er erfährt, daß ein
von ihm sehr geschätzter Bursche ihn bestohlen hat,
muß er ihn, da seine Grundsätze es von ihm verlangen,
gegen seinen eigenen Wunsch kündigen. Der Rittmeister
ist nicht mehr frei in seinen Entscheidungen, sondern
die Dinge in Form einer unveränderbaren Lebensregel
haben Macht über ihn gewonnen.

Die Entfremdung des Rittmeisters, die als ein
Gefangensein in der Ordnung dargestellt wird, besteht
darin, daß er die durch seine Entscheidung zur Ehe
durchaus vollzogene Selbstwahl als einen Endzustand
ansieht. Für ihn hat die Selbstwahl statischen Charakter, während sie im Sinne der existentialistischen
Philosophie einen nie aufhörenden Kampf bedeutet (1).
In jedem Augenblick seines Lebens muß der Mensch sich
"wiederholen" (2), d.h. seine Entscheidung von neuem
treffen, damit sie lebendig und frei bleibt. Der Rittmeister ist sich dieser Aufgabe nicht bewußt. Er ver-

---

1) Vgl. Kierkegaard: Entweder-Oder. "Erwählt sich selbst
und kämpft um diesen Besitz als um seine Seligkeit
und das ist seine Seligkeit." (Motto zu "Stiller")

2) Zum Begriff der "Wiederholung" vgl. H.Friemond
a.a.O. S.16

harrt in der Entscheidung eines Augenblicks und versucht, sie in ein Ordnungssystem "einzufangen". Er entfremdet sich damit von seiner eigenen Wahl - sie ist nicht mehr Ausdruck seines Wesens, sondern beherrscht sein Leben.

Die Folge ist eine Spaltung des Rittmeisters. In ihm lebt die Sehnsucht nach einem unbeschränkten Leben, das dem seinen entgegengesetzt ist. In der Gestalt des Pelegrin (1) ist diese Sehnsucht verkörpert:

> Ich möchte ihn noch einmal kennenlernen, ihn der mein anderes Leben führt ... Ich möchte sehen, wie mein Leben hätte aussehen können ... Es ist eine leibhaftige Person, die von meinen Kräften lebt und zehrt, von meiner Sehnsucht sich nährt. (I,24)

Pelegrin ist der Typ des ungebundenen Menschen, der sich auf ständiger Flucht vor dem Leben befindet. Seine Symbole sind denen des Rittmeisters entgegengesetzt - fremde Inseln, Schiffe, das Meer.

> Noch einmal das Meer ... Noch einmal die Weite alles Möglichen: nicht wissen, was der nächste Augenblick bringt, ein Wort, das an das Ende der Welt lockt, ein Schiff, ein Zufall ... (I,48)

Das Meer verkörpert die Flucht des Pelegrin vor der Wirklichkeit. Er versäumt es, sich selbst zu wählen, weil er das Bewußtsein um eine Fülle von Lebensmöglichkeiten nicht aufgeben kann. In ihm lebt die Vorstellung von einem idealen Dasein, eine Utopie, die durch Reisen nach fernen Inseln er zu erreichen strebt (2). Er sucht nach etwas, das in der Wirklichkeit nicht existieren kann: Eine Insel, auf der immer die Sonne scheint, auf der es keinen Winter gibt. (I,62)

---

1) Zur Symbolik der Namen, vgl. Kap. II A 3a "Die Person als Sinnbild und Spielobjekt".

2) Eine ähnliche, aus der Existenzphilosophie begründete Insel-Utopie wird von Alfred Andersch in seinem Roman "Sansibar oder der letzte Grund" aufgestellt.

In seiner Tasche trägt er eine Koralle mit sich herum, das Wahrzeichen der fernen Südseeinseln (1). Pelegrin ist sich der Unerreichbarkeit seines Ideals bewußt. Er erzählt Elvira:

> Ich kenne eine Muschel, die es nicht gibt, eine Muschel, die man nur denken kann, so schön ist sie ... (I,39)

Pelegrin befindet sich in einem "ästhetischen" Lebensstadium (2). Er strebt nach dem Absoluten, dem Unendlichen, und glaubt, ihm dadurch nahe zu sein, daß er sich weigert, im Bereich des Endlichen einen Platz einzunehmen. Seine Existenz ist geistig; er geht nicht ein in das wirkliche Leben. Dadurch steht sein Tod auch in keinem Gegensatz zu seinem Leben; beide sind unendlich und durch ihren Mangel an einer auf den Menschen bezogenen Sinngebung ein "Nichts" (3). Schon im Vorspiel wird der Vagant als ein dem Tode Nahestehender eingeführt. Er ist es immer gewesen. Die "ästhetische" Existenz ist ein dem Tode verwandtes Stadium.

Der Rittmeister und Pelegrin sind die gespaltenen Wesenshälften eines "ganzen" Menschen. Der eine verharrt in der materiellen Endlichkeit, der andere flieht in die geistige Unendlichkeit. Die Symbole ergänzen einander: Schloß-Insel, Land-Meer, Schnee-Sonne, tägliches Leben in der Ordnung-Reisen (4).

---

1) Das Symbol der "Koralle" wird mit ähnlicher Sinngebung im Expressionismus verwendet; vgl. Georg Kaiser: Die Koralle. Die Koralle ist in diesem Drama Wahrzeichen des Millionärs, des "alten" Menschen, der durch sein "ästhetisches" Leben gekennzeichnet ist.

2) Zum Begriff des "ästhetischen Lebens" vgl. Kap. I B 1b.

3) Zum Begriff des "Nichts" im Existentialismus vgl. Kap. I B 1b

4) Es muß auf die Schwächen der Symbole hingewiesen werden. Sie sind zu unbestimmt und von der Romantik "vorbelastet". Dadurch stellen sie eher das Thema des Stückes, als das sie es unterstützen. Zudem ist die Anzahl der Symbole zu groß. Einzelne werden nur angedeutet und erfüllen keinerlei Funktion im Stück, z.B. die Koralle.

In der Liebe können beide Bereiche vereint werden.
Ein Symbol für die Vereinigung ist Viola, das Kind. Pelegrin ist sein natürlicher Vater, der Rittmeister hingegen sein wirklicher, denn er ist es, der Elvira hei-
ratet und dem Kind ein Heim errichtet. Viola hat somit
zwei Väter, die durch ihre Liebe zu Elvira miteinander
vereint sind. Beide zweifeln, trotz der Existenz Violas,
daran, daß die Liebe im Leben verwirklicht werden kann.

Die Ehe ist ein Sarg für die Liebe (I, 56),
behauptet Pelegrin. Doch auch das Vagantenleben läßt
keine Partnerschaft zu, da es dem Kind als der Wirklichkeit gewordenen Liebe, keine Lebensmöglichkeit gibt.

> Was sollen wir tun, Mann und Frau, die Gott fürein-
> ander geschaffen hat, auf daß sie einander lieben ...
> Was sollen wir tun, das nicht ein Widersinn ist.
> (I, 58)

Der entfremdete Mensch sieht in der Unmöglichkeit der
Liebe einen Beweis für das absurde Paradox des Daseins
und stellt eine objektive Sinngebung, Gott, in Frage.
Santa Cruz, die Insel, auf der der Rittmeister, Pelegrin und Elvira sich begegnen, wird von den drei Personen als Schicksal empfunden, als ein "Kreuz" oder "Cruz",
das der Mensch auf sich nehmen muß (1). Sie nehmen den
"Widersinn" des Lebens hin, ohne sich gegen ihn aufzulehnen.

> Man kann nicht beides haben, scheint es. Der eine
> hat das Meer, der andere das Schloß, der eine
> Hawai - der andere das Kind, (I, 81)

sagt Pelegrin resignierend. Aber es "scheint" nur so.

Als erster versucht der Rittmeister sich gegen die
Spaltung aufzulehnen. Er bricht mitten in der Nacht auf,
um das versäumte Leben nachzuholen. Doch seine Revolte
gegen das bürgerliche Dasein erweist sich als eine
Flucht, die nicht zur Überwindung der Entfremdung führen kann. Er versucht die Wesenshälften miteinander zu
vertauschen, statt sie zu vereinen, und kehrt, als ihm

---

1) Vgl. H.Bänziger, a.a.O. S.55ff

die erneute Spaltung bewußt wird, ins Schloß zurück.
Dort sucht er nach einer Vereinigung mit Pelegrin. Im
Tod des Vaganten wird sie vollzogen: die Sehnsucht,
Kennzeichen der Unendlichkeit, wird frei und geht auf
den Rittmeister über. Elvira erkennt die Bedeutung
der Sehnsucht für das endliche Leben:

> Du hast deine Sehnsucht begraben, Jahre lang, damit
> sie mich nicht erschrecke, und ich habe mich meiner
> Träume (1) geschämt, Jahre lang ... Wir haben uns
> Unrecht getan, ... Gott hat es viel schöner ge-
> meint: Wir dürfen uns lieben, wir alle, jetzt kann
> ich es sehen. (I, 83)

Die Schuld des entfremdeten Menschen beruht darin,
nicht zu lieben. Mit der Erkenntnis: wir dürfen uns
lieben, wird die Absurdität überwunden und ein subjek-
tiver Sinn des Daseins hergestellt. Die Liebe ist ein
Gottesbeweis.

In dem Stück "Santa Cruz" wird die Entfremdung des
Menschen dargestellt als seine Unfähigkeit zu lieben
und eine Ehe zu führen. Die beiden Extreme dieser Unfähigkeit werden als ein Stagnieren im bürgerlichen
Leben und ein Fliehen ins ästhetische Leben durch die
Gestalten des Rittmeisters und Pelegrin verdeutlicht.
Ihre Begegnung führt zu einer Erkenntnis der Entfremdung und bildet damit die Ausgangsbasis für eine Selbstwahl der Partner - Elvira und Rittmeister - in der Liebe.

ab) Graf Öderland (2)

Wie schon in "Santa Cruz" wird die Spaltung des
Menschen in einen Gefangenen des täglichen Lebens und
ein freies Traum-Ich dargestellt. Während im ersten
Stück die existentielle Frage der Selbstdeterminierung
im Vordergrund steht, wird in "Graf Öderland" die ge-

---

1) In ihren Träumen nimmt Elvira die Vereinigung von
   Rittmeister und Pelegrin vorweg. Zur Bedeutung des
   Traums bei Max Frisch vgl.Kap.II A,a) "Das Traum-
   spiel".

2) Zur Interpretation des Stückes vgl. Joachim Kaiser:
   "Öderländische Meditationen", in: Frankfurter Hefte
   11 (1956) S.388-396, Hellmuth Karasek, a.a.O.S.46-57,
   Hans Bänziger, a.a.O. S.67-73, Eduard Stäuble, a.a.O.
   S.132-139, Carol Petersen, a.a.O. S.38-43

sellschaftliche Fixierung untersucht: Entfremdung in
einer erstarrten, einer "etablierten" Gesellschaft.

Frisch verwendet die gleichen Symbole wie in
"Santa Cruz" und der "Chinesischen Mauer". Die Entfremdung des Menschen wird als ein Gefangensein in
einem starren Ordnungssystem dargestellt. Man lebt
in einer -

> Welt der Papiere, in diesem Dschungel von Grenzen
> und Gesetzen, in diesem Irrenhaus der Ordnung.
> (I, 354)

Kennzeichnend für die moderne Zivilisation ist die
totale Bürokratisierung des Menschen. Das Papier gilt
mehr als die Person. Die Sicherheit des Landes, die
jedes menschliche Risiko ausschaltet, ist oberstes
Ziel:

> Wir haben den geheimen Sicherungsdienst, wir über-
> wachen unsere Bürger von der Wiege bis zum Grab,
> jeder Verdächtige wird sorgsam und oft über Jahre
> beobachtet, wir haben die bewährten Fragebogen,
> wir haben den neuen Bürgerschein mit Fingerab-
> druck, wir haben alles getan, um die Feinde der
> Ordnung nicht aufkommen zu lassen; ich erinnere
> bloß an das Notrecht ... und hundert andere Maß-
> nahmen der Vorsicht. (I, 371f)

Dieses Sicherheitssystem, das sich als ein Schutz der
Freiheit versteht, ist in Wirklichkeit ein Gefängnis,
weil es den Menschen seiner existentiellen Freiheit,
der eigenen Verantwortung beraubt und ihn in einen
Mechanismus eingliedert, der ihm jegliche Entfal-
tungsmöglichkeit nimmt. Der Bankangestellte, der we-
gen Mordes im Gefängnis sitzt, empfindet keinen Unterschied zwischen seinem einstigen und seinem jetzi-
gen Leben:

> Immer diese sieben Stäbe, dahinter die Welt, so war
> es auch hinter dem Schalter, als ich noch arbeitete,
> als ich noch frei war ... (I, 317)

Gitter, Stäbe und überall Gendarme, das sind die Kennzeichen einer entfremdeten Welt, in der der Begriff der
Freiheit seinen Wert verloren hat. Die Atmosphäre vollkommener Erstarrung wird, wie in "Santa Cruz", durch das
Symbol des Schnees noch verstärkt.

Vom Menschen wird die Entfremdung als Langeweile,
Angst und Hoffnungslosigkeit erlebt. Die Langeweile
entspringt dem Bewußtsein, "unwesentlich" zu sein
(I, 312) (1). Der Bankangestellte verrichtet seine
Arbeit ohne innere Anteilnahme oder Verständnis, sie
ist nicht Ausdruck seines Wesens, sondern eine Pflicht,
der er aus Gewohnheit nachkommt. In ihm entsteht ein
Gefühl der Leere, dem die Gesellschaft mit Vergnügun-
gen verschiedener Art entgegenzuwirken versucht. Da
die Arbeit für den Menschen keine Verwirklichung darstellt, muß die Hoffnung in ihm erweckt werden, er
könne in seiner arbeitsfreien Zeit ein "wirkliches"
Leben führen. Vergnügen soll der Ausgleich sein für
wesenloses und sinnentleertes Arbeiten - es ist nichts
als ein Ersatz:

> Hoffnung auf den Feierabend, Hoffnung auf das Wo-
> chenende, all diese lebenslängliche Hoffnung auf
> Ersatz, inbegriffen die jämmerliche Hoffnung auf
> das Jenseits ... (I, 308)

Das Leben hat seine Unmittelbarkeit verloren. Die Sehnsucht wird verdrängt und mittelbar durch "Massenmedien"
wie Film, Fernsehen und Gesellschaftsreisen zu befrie-
digen versucht. Künstlich wird im Menschen ein Weltbild
erreichtet, das seinem Leben Sinn verleihen soll (2).

Je vollkommener dem Menschen, dank der Technik,
ein umfassendes Weltbild "geliefert" werden kann, desto
größer wird seine Beziehungslosigkeit zu der ihn umgebenden Umwelt. Sie wird nicht von ihm erlebt, sondern

---

1) Das Thema der "Langeweile" deutet auf Frischs Auseinandersetzung mit Büchner hin; vgl.Einleitung B.

2) Was Frisch im "Graf Öderland" als "Ersatz" bezeichnet, führt er im "Stiller" unter dem Begriff "Reproduktion" weiter aus: "Wir leben im Zeitalter der Reproduktion. Das Allermeiste in unserem persönlichen
Weltbild haben wir nie mit eigenen Augen erfahren, ...
wir sind Fernseher, Fernhörer, Fernwisser, ...
(a.a.O. S.244) Zum Thema "Reproduktion" vgl. auch
Hans Mayer, a.a.O. S.42ff)

bedrängt ihn. Der Bankangestellte in "Graf Öderland"
wird sich plötzlich dieser Bedrohung bewußt: er hat
Angst (1) und erfährt in diesem Zustand der Hoffnungslosigkeit die Absurdität des Daseins. Damit verbunden
ist die Einsicht, daß das Leben sich nicht in ein Ordnungssystem einfangen läßt und "vermittelt" werden
kann, sondern vom einzelnen gefunden werden muß. Da
gerade die Ordnung eine Suche nach unmittelbarem Leben behindert, entsteht aus der Angst der Wunsch, sie
zu zerstören. - Der Bankangestellte greift zur Axt und
erschlägt den Hausdiener der Bank.

Der absurde Mord (2) ist ein Akt der Revolte gegen
gen die Gesellschaft und ihr Ordnungssystem:

> Die Tat, die wir Verbrechen nennen, am Ende ist sie
> nichts anderes als eine blutige Klage, die das Le-
> ben selbst erlebt. Gegen die Hoffnung, gegen den Er-
> satz, gegen den Aufschub. (I, 307)

In einer absurden Welt erhält der scheinbar sinnlose
Mord einen Sinn: er verneint dieses Leben, weil es keinen Wert hat. Während sich der Bankangestellte damit
begnügt, "nein" zum Leben zu sagen, erkennt der Staatsanwalt, daß die Revolte nur dann einen Sinn haben kann,
wenn aus der Anklage gegen die Gesellschaft eine Selbstbefreiung entsteht. Die unbewußte Tat des Kassierers
wird von ihm ins Bewußtsein gehoben: er versteht den

---

1) Der Begriff der "Angst" bedeutet bei Kierkegaard ein
   Bewußtwerden der Determinierung durch die Naturwelt
   und ein Aufbegehren des Geistes. Die Angst vor der
   Bedrohung durch die Umwelt veranlaßt den Menschen
   zum Handeln und zur Selbstwahl, sie verkörpert damit
   die "Möglichkeit der Freiheit"; vgl.Kierkegaard: Der
   Begriff Angst, Werke Bd. I, Hamburg 1960.

2) Das Motiv des "absurden Mordes" wurde ausführlich untersucht von Rainer Zoll: "Der absurde Mord in der modernen deutschen und französischen Literatur", Frankfurt, phil.diss.1962; Zoll geht von Frischs Drama
   "Graf Öderland" aus und vergleicht es besonders mit
   dem Werk von Albert Camus.

Mörder (I, 311) (1) und wird sich seiner eigenen, paradoxen Situation bewußt. Als Staatsanwalt hat er die
Pflicht, Klage gegen den Mord zu erheben und das Leben
im Namen des Staates zu schützen. Da es aber die Gesetze sind, die das Leben töten, wird er als Anwalt
dieser Gesetze indirekt selbst zum Mörder. Der absurde
Mord klagt ihn an; indem er seine staatliche Pflicht
tut, versäumt er seine menschliche Pflicht:

> Ich konnte tun, was immer meine Pflicht war, und
> ich wurde es dennoch nie los, das Gefühl, daß ich
> meine Pflicht versäume mit jedem Atemzug. (I,323)

Der Aufbruch des Staatsanwaltes aus dem öden Land
der Ordnung - dem "Öderland" (I, 354) wird durch zwei
Symbole wiedergegeben: das Feuer und die Axt. Er ver-
brennt seine Aktenbündel als Zeichen der Auflehnung
gegen die Bürokratie und erschlägt mit einer Axt jeden
Polizisten, der ihm die Grenzen und Gesetze des Staates vor Augen hält. Aus dem Staatsanwalt wird der
"Graf Öderland", eine Gestalt, die das bis dahin gewaltsam zurückgehaltene Streben nach Freiheit verkörpert. Sie stammt aus dem irrationalen Bereich des Un-
terbewußtseins, aus der Zone des Traums (2). Dort
lebt das Gegen-Ich des Staatsanwalts, eine mythische
(3) Gestalt, die der seelischen Wirklichkeit des Men-

---

1) In einem offenen Brief an Max Frisch nimmt Friedrich
   Dürrenmatt zu dem Problem des "Verstehens" Stellung.
   Er bezeichnet das Bewußtwerden der Absurdität als
   Kern des Dramas; (abgedruckt in: Bänziger, a.a.O.
   S. 215-219).

2) Die starke Betonung des Traummotivs weist auf die
   tiefenpsychologische Bedeutung der dramatischen
   Symbole hin. Näheres zum Traummotiv vgl.Kap.II A 2a.

3) Der Mythos wird von Jung tiefenpsychologisch als
   seelische Wirklichkeit gedeutet, die in Märchen und
   Sagen in der Form von archetypischen Gestalten dargestellt wird. Graf Öderland und die Fee Inge sind
   derartige Archetypen.

schen entspricht. Ihr Kennzeichen ist ein ungebunde-
nes Freiheitsstreben, das mit den Symbolen des Pelegrin aus "Santa Cruz" belegt ist: Schiff, Insel, Meer.
Das Ziel des Grafen Öderland ist Santorin, eine Insel
im Mittelmeer, die eine Konzentration des Lebens auf
einen zeit- und raumlosen Augenblick darstellt (1).

> Ein erloschener Krater im Meer, Felsen wie Blut
> und Kohle, so schwarz, so rot. Und hoch über der
> rauschenden Brandung: Die Stadt ... so weiß, so
> grell, einsam und frei, ... ringsum das Meer,
> nichts als die blaue Finsternis des Meeres ...
> ohne Dämmerung, ohne Hoffnung auf ein andermal,
> alles ist Jetzt, der Tag und die Nacht, das
> Meer ... (I, 353)

Santorin ist die "Idee" des Lebens, eine Allgegenwart
des Möglichen, die das Sein nicht an Raum und Zeit
hindert. In Santorin vereinen sich alle Elemente des
Lebens: Feuer, Erde, Wasser und Luft, mit den Symbol-
farben: rot, schwarz, blau und weiß (2), zu einem
Reich der Freiheit.

Der irrationale, grenzenlose Trieb nach Freiheit
ist nach den Erkenntnissen der Tiefenpsychologie mit
einem Willen zur Macht verbunden (3). Das unbewußte
Wollen des Menschen ist triebhaft und willkürlich.
Das ethische Bewußtsein gehört dem rationalen Bereich
an. Wenn durch die existentielle Revolte die irrationalen Kräfte des Menschen freigelegt werden und sich ungehindert entfalten, so wird das ethische Wollen aus-

---

1) Die Insel Santorin entspricht der Insel Santa Cruz
   aus dem ersten Stück; auf die Beziehung zur Insel
   Sansibar in Andersch' Roman "Sansibar oder der letzte Grund" war bereits hingewiesen worden.

2) Eine ähnliche Farbsymbolik verwendet Alfred Andersch
   in seinem Roman - rot, schwarz, blau, weiß. Beide
   Autoren verzichten auf "grün", die Farbe der Hoffnung, um die Absurdität des Daseins zu betonen.

3) Vgl. die Gestalt des Herbert in "Nun singen sie wieder"; Kap. I A.

geschaltet. Der Machtwille des Menschen steigert die
Revolte eines einzelnen zur Revolution gegen die Gesellschaft. - Der Staatsanwalt, der nichts anderes
wünscht als "frei" zu sein, besinnt sich in der Revolte nicht auf seine rationalen, ethischen Kräfte,
sondern verwandelt sich in den irrationalen Graf
Öderland. Damit wird seine Revolte in ihr Gegenteil
verkehrt:

> Wer, um frei zu sein, die Macht stürzt, übernimmt
> das Gegenteil der Freiheit, die Macht. (I, 390)

Graf Öderland wird gegen seinen Willen zum Anführer
einer Revolution. Alle Unzufriedenen sehen in ihm
ihr Vorbild. Die Axt, einst Symbol der Revolte eines
einzelnen gegen die entfremdete Welt, ist zum "Zeichen der Empörung und des Aufruhrs" (I, 359) geworden. Die Regierung wird gestürzt. Graf Öderland ist
der neue Machthaber. Man erwartet von ihm, daß er
eine Ordnung errichtet, die dem einzelnen wie zuvor die eigene Verantwortung abnimmt und ihm einen
Sinn seines Lebens "liefert":

> Kommissar: Das Volk braucht einen Sinn ... Die
> Bevölkerung ist willig, wenn man sie
> überzeugen kann, daß es einen Fort-
> schritt bedeutet ... Die Welt erwar-
> tet eine Botschaft; ...
>
> Graf Öderland: Dann schreiben Sie, was die Leu-
> te hören wollen, daß alles einen
> Sinn hat! Fortschritt, Freiheit,
> Menschenwürde, Brüderlichkeit,
> Vaterland, Friede und Brot ...
> Jeder Schuft kennt die großen
> Wörter seiner Zeit (1).

Der Graf ist gezwungen, zu eben den Lügen zu greifen,
denen er entrinnen wollte. Es zeigt sich, daß das
Volk von einer Revolution keine Selbstverwirklichung
erwartet, sondern bessere Lebensbedingungen und noch

---

1) Aus der 1. Fassung des "Graf Öderland", Frankfurt
1950; zum Vergleich der verschiedenen Fassung
s. Kap. II B 1.

größere Sicherheit (1). Es verlangt nach einem Gefängnis und fühlt sich wohl in der Entfremdung.

Doch nicht nur die "befreiende" Wirkung der Revolution wird von Max Frisch bezweifelt, er stellt auch die existentielle Revolte in Frage. Die Spaltung des Menschen erscheint im "Graf Öderland" als unüberwindlich. Der Aufbruch des Staatsanwaltes führt nicht zu einer Selbstbestimmung, sondern zu einer Selbsthingabe und verliert damit seinen ethischen Wert (2). Nicht das Verantwortungsbewußtsein wird durch den Akt der Revolte geweckt, sondern die unbewußten und triebhaften Freiheitsinstinkte. Dadurch führt die unkontrollierte Revolte zurück in die Entfremdung.

Das vermittelnde Motiv der Liebe fehlt in diesem Stück. Die Ehe des Staatsanwalts scheitert und die Beziehung des Grafen Öderland zum Köhlermädchen "Inge" erschöpft sich in einem gemeinsamen Freiheitsdrang. Unversöhnlich stehen sich rationaler und irrationaler Bereich gegenüber.

Die Frage, ob die Gesellschaft an der Entfremdung die Schuld trägt oder der einzelne, wird nicht klar entschieden. Jeder Mensch hat die Möglichkeit der Revolte und kann versuchen, sich der Bevormundung durch die Gesellschaft zu entziehen. Es bleibt offen, ob er auch dazu fähig ist. Die existentielle These von der Selbstwahl des Menschen wird durch die Erkenntnisse der Tiefenpsychologie in ihrer Gewißheit beeinträchtigt. Die Revolte, die auch von den Existentialisten als ein

---

1) In dieser Deutung der Revolution ist eine Kritik am Marxismus enthalten. Frisch versucht zu beweisen, daß der Marxismus den Willen des Volkes zu eigener Verantwortung überschätzt.

2) Georg Kaiser nimmt das Motiv der irrationalen Revolte in seinem Stück "Von morgens bis mitternachts" vorweg. Der Kassierer wird durch triebhafte Freiheitsinstinkte zum Aufbruch getrieben und durchlebt erst mehrere Stadien, bis er zur ethischen Existenz geläutert wird.

irrationaler Akt angesehen wird (1), läßt sich nur
schwer rational kontrollieren. Wenn es dem Menschen
gelingt, seine Freiheit als eine Selbstverwirklichung innerhalb der Wiederholung (2) zu begreifen,
kann die Revolte einen Austritt aus der Entfremdung
bedeuten (3).

In den Stücken "Santa Cruz" und "Die Chinesische Mauer" wird gezeigt, daß der einzelne die Möglichkeit hat, in der Liebe die Entfremdung zu überwinden. Die Erkenntnis der Situation und die Revolte
weisen den Weg zur Selbstverwirklichung. Diese Möglichkeit stellt Frisch in "Graf Öderland" in Frage.
Der Mensch ist nicht nur determiniert durch die Gesellschaft, sondern durch sein eigenes Unterbewußtsein, das ihn gegen seinen Willen in die Entfremdung
zurückführt. Solange der Kampf zwischen der bewußten
und unbewußten Wesenshälfte des Menschen zugunsten
der irrationalen Kräfte entschieden wird, findet der
Mensch nicht zur Identität mit sich selbst. - Folgende Skizze soll die Möglichkeiten verdeutlichen, die
aus der Revolte entstehen:

---

1) Vgl. A.Camus: Der Mythos von Sisyphos, a.a.O.
   S. 47ff.

2) Vgl. Max Frisch: Stiller, a.a.O. S.89 "Wiederholung: Dabei weiß ich: alles hängt davon ab, ob es
   gelingt, sein Leben nicht außerhalb der Wiederholung zu erwarten, sondern die Wiederholung, die
   auswegslose, aus freiem Willen (trotz Zwang) zu
   seinem Leben zu machen, indem man bekennt: Das
   bin ich!"

3) Petersen (a.a.O. S.42) sieht in der Gestalt des
   Grafen Öderland einen Bruch, weil die existentielle Revolte nicht zur Selbstbestimmung führt.
   Ich verstehe diesen Bruch eher als einen Zweifel
   an den Möglichkeiten der Revolte.

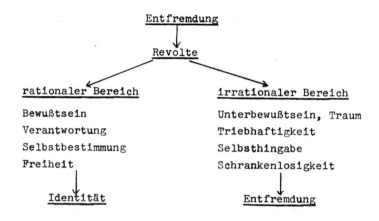

Entfremdung

Revolte

rationaler Bereich

Bewußtsein
Verantwortung
Selbstbestimmung
Freiheit

Identität

irrationaler Bereich

Unterbewußtsein, Traum
Triebhaftigkeit
Selbsthingabe
Schrankenlosigkeit

Entfremdung

b) **Die Entfremdung des Intellektuellen.**

aa) **Don Juan oder die Liebe zur Geometrie** (1)

Don Juan ist ein Intellektueller (II, 313),
schreibt Frisch in seinem Nachwort zu der Komödie und
stellt ihn damit in die Reihe der früheren Intellektuellen-Gestalten: dem Heutigen, Pelegrin und Graf Öderland. Don Juan ist, als Intellektueller, gekennzeichnet
durch sein Bewußtsein und das "In-Frage-Stellen" aller
Dinge (2). Er ist, wie der Heutige, der ohnmächtig Wissende, der Weltflüchtende, wie Pelegrin; der Zerstörende, wie Graf Öderland. Max Frisch vereint alle in den
früheren Stücken herausgestellten Symptome des Intellektuellen auf diesen Don Juan und dringt darüber hinaus
noch tiefer in die Problematik der Entfremdung als Spaltung des Menschen ein.

---

1) Zur Interpretation des Stückes vgl.: Felix Stössinger:
   Don Juan oder die Liebe zur Geometrie; in: Die Tat,
   8.Mai 1953. Paula Rüf: Don Juan oder die Liebe zur
   Geometrie: in: Schweizer Rundschau, 53.Jg.(1953)
   Heft 3; H.Karasek: a.a.O. S.57-66, H.Bänziger:
   a.a.O. S.73-77, E.Stäuble: a.a.O. S.157-163, C.Petersen: a.a.O. S.63-66

2) Frisch bezieht sich bei der Definition des Intellektuellen als den "Alles-In-Frage-Stellenden" auf Ortega y Gasset (II, 313). "Der Intellektuelle und der
   Andere: Die Welt, die der Intellektuelle antrifft,
   scheint ihm nur dazusein, damit sie in Frage gestellt
   werde."

Don Juan sieht die Spaltung als etwas Naturgege-
benes, Unüberwindliches an. Sie wird offenbar in der
Trennung des Menschen in Mann und Weib. War durch den
Aufbruch des Rittmeisters das eigene Leben in Frage gestellt worden und durch die Revolte des Staatsanwaltes
ein Zweifel an der Gesellschaft zum Ausdruck gekommen,
so geht Don Juan noch weiter: er stellt die Schöpfung
in Frage:

> Ich verstehe die Schöpfung nicht. War es nötig,
> daß es zwei Geschlechter gibt ... (II, 62) Wel-
> che Ungeheuerlichkeit, daß der Mensch allein nicht
> das Ganze ist! Und je größer seine Sehnsucht ist,
> ein Ganzes zu sein, um so verfluchter steht er da,
> bis zum Verbluten ausgesetzt dem anderen Geschlecht.
> (II, 81)

Die Abhängigkeit der Menschen voneinander ist auf Grund
der Trennung in eine männliche und eine weibliche Gattung ein unaufhebbares Naturgesetz. Nur durch die Anerkennung des anderen Geschlechtes in der Liebe kann die
Spaltung aufgehoben werden.

Don Juan aber zweifelt an der Liebe. Er erwartet
von ihr, daß sie unaustauschbar an eine bestimmte Person gebunden ist. In der Brautnacht, der "Nacht des
Erkennens" (II, 20),kommt er aufs Schloß, um unter allen Gästen seine Braut als diejenige zu finden, die er
liebt. Er erkennt sie nicht. Er flieht mit dem ersten
Mädchen, dem er begegnet, in den Park, - "zufällig"
ist es seine Braut. Dieser Zufall (1) ist es, der Don
Juan an der Liebe zweifeln läßt. Frisch schreibt dazu
im Nachwort:

> Er kommt sich als ein Stück Natur vor, blind, lä-
> cherlich, vom Himmel verhöhnt als Geist-Person.
> (II, 315)

---

1) Frisch schreibt in seinem Tagebuch über den Zufall
(Tb 463): "was uns zufällt ohne unsere Voraussicht
... es genügte die Vorstellung, daß immer und überall wo wir leben, alles vorhanden ist: für mich
aber, ... ist es nicht das vorhandene Alles, was
mein Verhalten bestimmt, sondern das Mögliche, jener Teil des Vorhandenen, den ich sehen und hören
kann." - D.h. dem Menschen fällt nur das zu, was
im Bereich seiner Seinsmöglichkeiten liegt - der
Zufall trifft eine Auswahl.

Weil Don Juan von der Liebe erwartet, daß sie identisch ist mit einer einzigen Person, wird er von ihr
enttäuscht oder genauer: er täuscht sich in ihr. Seine Selbsttäuschung vertieft das Bewußtsein der Spaltung und wird zu einer trotzigen Annahme des entfremdeten Lebens. Um der Möglichkeit des Irrtums in der
Liebe zu entgehen, der, wie er noch nicht weiß, auf
einem Mißverständnis der Liebe beruht, beschließt er,
die Spaltung zu seinem Lebensgesetz zu machen. Er
will sich bewußt auf das männliche Prinzip beschränken (1) und dieses in seiner Absolutheit erfahren.
Seine Suche nach sich selbst ist eine Suche nach der
absoluten Wahrheit in sich.

Dabei ist er sich jedoch bewußt, daß sein Verlangen nach Absolutheit keine Erfüllung finden kann,
denn die Spaltung des Menschen hindert eine Verwirklichung der Wahrheit. Für ihn gibt es keine Hoffnung,
nur das schwermütige Wissen um die Absurdität des Daseins (2).

> Hinter jedem Don Juan steht die ... Langeweile
> eines Geistes, der nach dem Unbedingten dürstet
> und glaubt, erfahren zu haben, daß er es nie zu
> finden vermag ... (II, 319)

Don Juan ist ein Schwermütiger, weil er sich der Unvereinbarkeit der menschlichen Wesenshälften bewußt
zu sein glaubt und aus diesem Wissen heraus resig-
niert. In der Verwirklichung als "Nur-Mann" bestätigt er die Spaltung.

---

1) Darin folgt Frisch Bernard Shaw, der seinen Don
   Juan im Zwischenspiel aus "Man and Superman" als
   eine Inkarnation des männlichen Prinzips versteht.
   Das Streben des Mannes gilt der Ausbildung des
   Geistes und der Geburt des reinen Geisteswesen,
   eines Übermenschen (Einfluß Nietzsche). Das Weibliche verhindert den Übermenschen. Die Frau siegt
   dank ihrer Lebenskraft im Kampf der Geschlechter
   über den Mann; vgl. Margret Dietrich: Das moderne Drama, Stuttgart 1961, S.434ff.

2) Ebenso sieht Camus in Don Juan die Verkörperung
   des absurden Menschen: "Er weiß und er hofft
   nicht." Vgl. Der Mythos des Sisyphos, a.a.O.S.62.

Das männliche Prinzip wird von Frisch verstanden
als die Suche nach dem Geistigen im Menschen und dem
Kampf gegen das Geschlecht. Seine Symbole sind die Geometrie und das Schachspiel oder, auf die moderne Wirklichkeit bezogen: Die Kernphysik (1). Don Juan erklärt
seinem Freund:

> Ich fühle mich voll Bedürfnis nach männlicher Geo-
> metrie ... Hast du es nie erlebt, das nüchterne
> Staunen vor dem Wissen, das stimmt? Zum Beispiel,
> was ein Kreis ist, das Lautere eines geometrischen
> Ortes. Ich sehne mich nach dem lauteren Freund,
> nach dem Nüchternen, nach dem Genauen; mir graust
> vor dem Sumpf unserer Stimmungen ... (II, 46)

Don Juan sucht die absolute Wahrheit im "klaren, nüch-
ternen, lauteren" Bereich des Geistes. Er möchte sein
Leben wie ein Schachspiel gestalten: im Bewußtsein aller ihm zur Verfügung stehenden Möglichkeiten will er
jeden Zug berechnen und lieber mitten im Spiel verharren, als einen Schritt tun, der ihn beschränken könnte.
Er ist ein ästhetischer Mensch im Sinne Kierkegaards
(2), der die Leidenschaft der Möglichkeit zu seinem
Leben macht.

Don Juans Lebensstadium ist das Nicht-Ethische,
d.h. er tritt der Umwelt nicht als selbstverantwort-
liche Person gegenüber. Er verhält sich nicht zu seiner Umwelt, sondern läßt sich von ihr dahintreiben.

---

1) Max Frisch: Nachträgliches zu "Don Juan", II, 319:
Lebte er in unseren Tagen, würde Don Juan sich
wahrscheinlich mit Kernphysik befassen: um zu erfahren, was stimmt. Daß dieser nachträgliche Einfall: Don Juan als Kernphysiker - im Drama nicht
Gestalt wurde, ist dem Autor häufig von der Kritik
vorgeworfen worden (vgl. Stössinger, a.a.O.). Hinter diesem Vorwurf mag die Hoffnung stehen, daß
Frischs Don Juan ein Gegenstück zu Dürrenmatts
Physikern und Brechts Galilei hätte werden können.
Frisch geht es jedoch vorwiegend um das Existenz-
problem des Intellektuellen, nicht um die politische
Verantwortung des Intellektuellen als Naturwissen-
schaftler; deshalb bleibt er der klassischen Don
Juan-Fabel verhaftet.

2) Vgl.Kap.I B b "Der Begriff der Entfremdung aus der
Sicht des Existentialismus".

> Ich erschrecke, wenn ich auf mein Leben zurück-
> blicke, ich sehe mich wie ein Schwimmer im Fluß:
> ohne Spur. (II, 72)

Das "Sich-treiben-lassen" hat zur Folge, daß Don
Juan im Kampf gegen das Geschlecht immer das Opfer
ist. Durch seine Tatenlosigkeit wird er zum "Ding",
das alles ihn Umgebende nur "dinglich" erfassen
kann (1). Sobald das weibliche Prinzip, das im Gegensatz zum männlichen als das "Unklare, Stimmungs-
unterworfene, Naturverbundene" gesehen wird, sich
ihm in den Weg stellt, versucht er es dadurch zu bekämpfen, daß er es als "Ding" behandelt: jede Frau
wird für ihn zur Episode. Scheinbar ist sie das Opfer;
in Wirklichkeit aber ist Don Juan der Getriebene.
Weil er sich selbst durch die Wahl nicht gesetzt
hat, hat er nicht die Möglichkeit, die an ihn heran-
tretenden Gegenstände und Ereignisse vom eigenen
Selbst zu formen. Er ist ihnen ohnmächtig und wehrlos ausgeliefert. Alles, was ihm begegnet, vermag
Besitz von ihm zu ergreifen; ihm bleibt nur die
Flucht. So wird Don Juans Suche nach der Geometrie
verhindert durch die Flucht vor dem Weib. Weil er
sich dem Geschlecht nicht stellt, ihm nicht "männ-
lich" gegenübertritt, wird er von ihm gejagt und
verliert sein Ziel: die "absolute Männlichkeit"
aus den Augen.

> Ich sehe dein Leben: voll Weib, Juan, und ohne Geo-
> metrie (II, 59),

stellt Miranda, die Herzogin v. Ronda, fest. -

> Die Episode hat dein ganzes Leben verschlungen.
> Warum glaubst du nicht an eine Frau, Juan, ein
> einziges Mal? Es ist der einzige Weg, Juan, zu
> deiner Geometrie. (II, 61)

Daß die Verwirklichung des männlichen nur in der An-
erkennung des weiblichen Prinzips möglich ist, will
Don Juan nicht wahrhaben. Er spielt, wie Frisch im
Nachwort anmerkt, den "tödlichen Kampf des Geistes

---

1) Zum Begriff der "Dinglichkeit" im Existentialismus vgl. H.Friemond, a.a.O. S.75.

gegen das Geschlecht", der im spanischen Stierkampf
seine symbolische Darstellung erfährt (II, 318). Mit
Geist versucht er, wie ein Torero, seinen Stier, das
Geschlecht, zu besiegen und zu töten. Im Gegensatz
zum Torero aber kann er nicht die naturgebundene
Wesenshälfte des Menschen vernichten, ohne sich
selbst das Leben zu nehmen. Er lebt durch das Weib.
Sein Leugnen und bewußtes Beharren auf der Spaltung
ist selbstzerstörerisch. Wieder zeigt es sich, daß
das ästhetische Lebensstadium dem Tode verwandt ist
(1).

    Don Juan steht außerhalb der Wirklichkeit. Er
trägt eine Maske (2), hinter der sich keine Existenz,
sondern die Suche eines Menschen nach dem Absoluten
verbirgt. Diese Maske kann er nicht ablegen, ohne
entweder durch eine Selbstwahl in die Wirklichkeit
einzugehen, oder sich selbst zu töten. Don Juan sucht
einen Ausweg aus diesem Dilemma, indem er durch die
spektakulär inszenierte Höllenfahrt sich offiziell tötet, heimlich aber, ohne sich selbst zu wählen, im Klo-
ster weiterlebt. Dieses Theaterspiel bringt das Masken-
dasein des Don Juan deutlich zum Ausdruck; sein Medium
ist das Theater (3), weil sein Spiel darin besteht, -

    ... daß Larve und Wesen nicht identisch sind, so
    daß es zu Verwechselungen kommt, ... wie überall,
    wo ein Mensch nicht ist, sondern sich selber sucht.
    (II, 316)

Als Maske liefert sich Don Juan dem Mißverständnis durch
die Umwelt aus. Jeder kennt seine Rolle, niemand kennt
ihn selbst und versteht ihn.

---

1) Vgl. die Gestalt des Pelegrin in "Santa Cruz"
   Kap. I B 2a
2) Auf das Thema der Maske als Sinnbild einer ästheti-
   schen Existenz wird in Kap. II A 3 näher eingegangen.
3) Darin unterscheidet sich Frischs Don Juan von dem
   Kierkegaards, dessen Medium als Verkörperung des
   Sinnlich-Erotischen die Musik ist; vgl. Max Frisch:
   Nachträgliches zu "Don Juan", II, 316.

Dreiunddreißigjährig teile ich das Geschick so vie-
ler berühmter Männer: alle Welt kennt unsere Taten,
fast niemand ihren Sinn. (II, 64)

Don Juan selbst hat sich in Form einer unentrinnbaren
Rolle sein Gefängnis errichtet. Seine Maske jagt ihn
von Abenteuer zu Abenteuer. Er vermag ihr nur zu entgehen um den Preis der Selbstwahl oder des Selbstmor-
des.

Die Gestalt des Don Juan als ein Spiel mit den
Seinsmöglichkeiten ist ihrem Wesen nach "poetisch",
denn die Poesie lebt davon, Möglichkeiten durch die
Phantasie zu gestalten. Schon in der "Chinesischen
Mauer" läßt Frisch im Maskenreigen einen Don Juan
auftreten, der seinen ästhetisch-poetischen Charakter folgendermaßen beschreibt:

Ich komme aus der Hölle der Literatur. Was hat man
mir schon alles angedichtet! (I, 165)

Da hinter Don Juan eine Fülle von Seinsmöglichkeiten
steht, ergreift die Literatur diese Gestalt und verdichtet den ästhetischen Charakter zum "schönen"
Sprachkunstwerk (1). Don Juan läßt sich auf mannig-
fache Weise literarisch deuten, gerade weil er eine
"Rolle" ist, hinter der keine unverwechselbare Individualität steht (2). Er kann der poetischen Fixierung nur dadurch entgehen, daß er sie als "Spiel" entlarvt. Mit der Inszenierung seiner Höllenfahrt versucht er, eine Legende zu gründen und den "Mythos" des
Don Juan endgültig einer poetischen Verwirklichung zu
überlassen, während er selbst einen Platz in der Wirklichkeit sucht.

---

1) Wichtige Don-Juan-Gestalten der Weltliteratur stammen von: Tirso de Molina, Molière, Lord Byron, Grab-
be, Shaw, Audiberti, Sternheim, Ödon v.Horvorth,
Anouilh, Camus, Kierkegaard, Unamuno, u.a.

2) Die Erfahrung, daß hinter einer Geschichte verschiedene Seinserfahrungen stehen können und umgekehrt,
daß eine Seinserfahrung sich in verschiedenen Geschichten ausdrücken läßt, hat Frisch vor allem in
seinen Romanen "Stiller" und "Mein Name sei Gantenbein" dargestellt.

Don Juan Tenorio, ... im Begriff unsterblich zu
werden, ja, ich darf es wohl sagen, ein Mythos
zu werden - ... ist entschlossen und bereit, tot
zu sein mit dem heutigen Tag. (II, 62)

Don Juans Austritt aus seiner Rolle führt in ein Be-
wußtseinsstadium, das keine Flucht vor sich selbst
mehr zuläßt. Mit dem Symbol des Herbstes wird angedeutet, daß die Zeit der Reife gekommen ist. Gegen
seinen Willen zieht Don Juan mit Miranda auf das
Schloß ihrer Ehe (1). Er muß sich der Alternative:
Tod oder Leben in Anerkennung des Weiblichen fügen.
Sein Eingeständnis, daß er Miranda liebt, hebt die
Spaltung auf (II, 81) und führt Don Juan in ein Stadium, in dem er seiner Liebe zur Geometrie nachgehen
kann, ohne vom Leben gejagt zu werden. Die Liebe überwindet die Entfremdung, weil sie die Wesenshälften
Geist und Natur in der Wahl zweier selbstverantwort-
licher Partner vereint.

Die Entfremdung des Intellektuellen entsteht aus
dem "In-Frage-Stellen" alles Bestehenden und dem daraus
resultierenden Glauben an die Unvereinbarkeit von Geist
und Natur, Idee und Wirklichkeit. Der Intellektuelle
ist ein Resignierender, der sich mit der Entfremdung
der Welt abfindet, weil er sein Wesen, das sich als
kritisches Durchdringen alles Seienden manifestiert,
nicht zu begrenzen gewillt ist. Sein Wissen ist ohnmächtig (der Heutige); sein Wunsch nach unbegrenzter
Freiheit läßt ihn zum Weltflüchtenden werden (Pelegrin)
und diese Weltflucht beraubt ihn seiner Existenzgrund-
lage - er zerstört sich selbst (Graf Öderland). Das Leben - erhaltende Prinzip allein, das durch das Weib
verkörpert wird, ist in der Lage, ihn zu retten, indem es ihn ins Leben zurückführt und sein selbstzer-
störerisches Wesen in der Liebe begrenzt.

---

1) Zum Symbol des "Schlosses" vgl. Interpretation "Santa Cruz" - Kap. I B 2a.

ab) <u>Die große Wut des Philipp Hotz</u> (1)

Der Schwank, der über keine große Fabel verfügt,
sondern im wesentlichen aus komischen Situationen besteht (2), ist eine Parodie auf den Intellektuellen.
Die Spaltung des bewußten Menschen, die als Weltflucht
in Erscheinung tritt, seine Ohnmacht, die durch Tatenlosigkeit deutlich wird, und seine Isolation werden im
Schwank grotesk verzerrt und auf ihre lächerlichen Züge hin untersucht.

Philipp Hotz leidet unter der Vorstellung, nicht
ernstgenommen zu werden:

Man nimmt mich nicht ernst, bloß weil ich ein ge-
bildeter Mensch bin. (II, 160)

Sein starkes Minderwertigkeitsgefühl entsteht aus dem
Bewußtsein, auf Grund seines Wissens und seiner Bildung
handlungsunfähig zu sein. Er fühlt sich allen tatkräfti-
gen Menschen unterlegen. In der Eifersucht auf den Freund
und ehemaligen Liebhaber seiner Frau, erreicht das Gefühl, nicht ernstgenommen zu werden, seinen Höhepunkt
(3). Ein Gespräch mit Wilfrid zeigt deutlich, daß ihm
der Vergleich mit dem Freund die eigene Intelligenz als
Schwäche erscheinen läßt:

---

1) Zur Interpretation des Stückes vgl.: H.Karasek, a.a.O.
   S.76-80, H.Bänziger, a.a.O. S.98-101, C.Petersen,
   a.a.O. S.77-78.

2) Der Schwank war ursprünglich mit dem Stück "Biedermann
   und die Brandstifter" gekoppelt, da die Umarbeitung
   des Hörspiels "Herr Biedermann und die Brandstifter"
   kein abendfüllendes Programm ergab. Die Ohnmacht des
   Intellektuellen, die im Schwank parodiert wird, kann
   deshalb als ein Gegenstück zur Ohnmacht des Biedermann angesehen werden; vgl. Karasek, a.a.O. S.76:
   "Viele Rezensenten der Uraufführung" sahen daher auch
   in der Koppelung beider Stücke eine parodistische
   Wiederaufnahme der antiken Tradition, auf die Tragödie das Satyrspiel folgen zu lassen.

3) Zum Thema "Eifersucht" schreibt Max Frisch in seinem
   Tagebuch (Tb 421-428): "Das allgemeinste Gefühl von
   Minderwert, das wir alle kennen, ist die Eifersucht."

> Erstens bin ich kein Mann, ich rede nur, ich tue
> nicht, was ich rede. Im Gegensatz beispielsweise
> zu dir ... Und zweitens: ich habe keinen Humor.
> (II, 172)

Um dem Zustand der Spaltung gewaltsam zu entkommen, versucht Philipp Hotz, die Merkmale der Entfremdung in ihr Gegenteil zu verkehren. Er will den
Denkprozess, der die Tat verhindert, ausschalten und
unreflektiert, unmittelbar handeln. In der "großen
Wut" sieht er einen Zustand ungebrochener Handlungs-
fähigkeit. Er steigert sich in diese Wut hinein, um
endlich einmal "tun zu können, was er redet" und dadurch die Spaltung scheinbar aufzuheben.

Die Wut, die sich in der Zertrümmerung der Woh-
nungseinrichtung äußert, ist der Versuch des Intellektuellen, gegen sein Bewußtsein zu handeln. Doch es erweist sich als schwierig, die Vernunft wissentlich aus-
zuschalten. Ständig denkt Hotz an Regeln und Vorschrif-
ten und achtet selbst bei der Zerstörung der Wohnung
auf die juristischen Gesetze der "Gütertrennung". Der
Wunsch, unvernünftig zu sein, wird von der unleugbar
vorhandenen Vernunft gehemmt. Die Wut erscheint lächerlich; weil sie nicht echt ist. Während Hotz durch die
Tat beweisen möchte, daß er ein in sich geschlossener,
ernstzunehmender Mensch sei, entlarvt sie vollends seine Gespaltenheit. Hotz möchte respektiert werden in einer
Rolle, die nicht seinem Wesen entspricht, sondern seinen
Wunsch, sich selbst zu entfliehen, offenbar werden läßt.
Die Diskrepanz zwischen Sein und Schein-Wollen bekräf-
tigt die Unsicherheit und Tatenunfähigkeit des Intellektuellen.

Kennzeichnend für den als Tat getarnten Fluchtver-
such des Philipp Hotz ist sein Entschluß, in die Fremdenlegion zu gehen (1). Diese "Tat" demonstriert die

---

1) Das Symbol der "Fremdenlegion" wird von Frisch ebenfalls im "Stiller" verwendet. In der "Geschichte von
   Isidor" (a.a.O. S.52ff) ist die Fremdenlegion als
   eine Flucht aus der Verantwortung im täglichen Leben
   gestaltet. "Isidor will sich, im wörtlichen Sinne,
   nicht verantworten": auf die Fragen seiner Frau gibt
   er keine Antwort.

Entfremdung des Intellektuellen: in der Fremde sucht
er seine Verwirklichung. Um der Verantwortung im täglichen Leben zu entgehen, flüchtet er in ein Gefängnis, dargestellt durch die Fremdenlegion. Doch die
Flucht mißlingt: Der Intellektuelle kann sich seiner
Verantwortung nicht entziehen. Philipp Hotz wird in
der Fremdenlegion nicht genommen und muß ins Leben
zu seiner Gattin zurückkehren, um dort erneut nach
einer Selbstverwirklichung in der Ehe zu streben.

In dem Schwank "Die große Wut des Philipp Hotz"
wird die Flucht des Intellektuellen aus der Wirklichkeit als lächerlich entlarvt. Hotz ist in Gefahr,
über den Zweifeln an sich selbst das Leben zu versäu-
men. Der gewaltsame Versuch, in der "großen Wut" das
Leben zu packen, muß scheitern, weil er im Gegensatz
zum Bewußtsein des Intellektuellen steht. Aus dieser
Diskrepanz zwischen Rolle und Bewußtsein erwächst
das Lächerliche seiner Situation. Die Ohnmacht des
Intellektuellen wird damit von Frisch als "komisch"
entlarvt, denn jeder Versuch, ihr gewaltsam zu entgehen, läßt sie um so deutlicher zu Tage treten.

c) Die Entfremdung des Bürgers

aa) Biedermann und die Brandstifter (1)

Der Bürger wird von Max Frisch als das Gegenbild
des Intellektuellen gestaltet. Der Intellektuelle ist
sich seiner Selbstentfremdung bewußt; er weiß um die
Rollenhaftigkeit des Daseins und er kennt die Schwierigkeit, der Wahrheit in Handlung und Sprache Ausdruck
zu verleihen. Die Haltung, die aus diesem Wissen ent-

1) Zur Interpretation des Stückes vgl.: Werner Weber:
Max Frisch 1958; in: Zeit ohne Zeit-Aufsätze zur
Literatur, Zürich 1959, S.85-101. Martin Esslin:
Max Frisch, in: das Theater des Absurden; Frank-
furt 1965, S.211ff. H.Karasek, a.a.O. S.66-76,
H.Bänziger, a.a.O. S.92-98, E.Stäuble, a.a.O.
S.108-122, C.Petersen, a.a.O. S.75-77

springt, äußert sich in Flucht und Schweigen (1). -
Der Bürger dagegen weiß nichts und will nichts wissen.
Die Vielschichtigkeit seines Daseins bleibt ihm ver-
borgen. Er spielt die Rolle, die ihm den größten Vorteil verspricht und bedient sich der Worte, die ihm
am meisten zu nützen scheinen. Seine Wahrheit ist
allein der eigene Vorteil; er bestimmt seine Handlungen und lenkt seine Sprache.

Biedermanns Sprache bringt die Gespaltenheit des
entfremdeten Menschen deutlich zum Ausdruck. Er sagt
nicht, was er meint und meint nicht, was er sagt (2).
Mit der Sprache versucht er vielmehr abzutasten, auf
welche Weise er seinem Gesprächspartner den größten
Eindruck macht.

Wofür halten Sie mich eigentlich? -
lautet seine immer wiederkehrende Frage, verbunden mit
einer Aufzählung von Eigenschaften, die er keineswegs
in sich erkannt wissen möchte:

Ich bin kein Unmensch (II,92,100); wir sind keine
Spießer (II,101,141); wir geben nichts auf Äußerlichkeiten (II,109); ich glaube nicht an Klassen-
unterschiede; - ich bin nicht altmodisch (II,129);
usw.

Statt dessen umgibt er sich mit einer Reihe von Tugen-
den, die dem Bild des "idealen" Bürgers in seinem Sinne
entsprechen:

Menschlichkeit (II,91,100,137), Offenheit (II,130),
Vertrauen (II,104,123,153); Brüderlichkeit (II,137);
Gutmütigkeit (II,96,124,135); Humor (II,131,140);
usw.

Die Sprache dient dazu, einen Schein herzustellen, der
das Sein des Biedermann verdeckt. Während seine Handlungen ihn als den entlarven, für den er nicht gelten möchte, - einen Unmenschen, einen Spießer, eine Person, die
sich in Äußerlichkeiten erschöpft, - versucht er vor
sich selbst und vor seinen Mitmenschen den Anschein
eines idealen Bürgers zu erwecken.

---

1) Zum Thema "Sprache und Schweigen" vgl.Kap.II
   Zusammenfassung.

2) Zum Thema der "Sprachverstellung" vgl. Werner Weber,
   a.a.O.S.85ff.

Die Brandstifter nutzen diese Diskrepanz aus: Sie
nehmen Biedermann beim Wort und berufen sich auf das,
was er scheinen möchte:

Wenn Sie ein Unmensch wären, Herr Biedermann, dann
würden Sie mir heute kein Obdach geben. (II,100)

Indem die Brandstifter den Schein bestätigen, schmei-
cheln sie dem Biedermann und versperren ihm die Möglichkeit, sich aus seiner Rolle zurückzuziehen. Um
sich nicht selbst zu widerlegen, muß Herr Biedermann
die Brandstifter bei sich aufnehmen. Er ist dem Bösen
gegenüber wehrlos, weil er sich seiner eigenen Maske
bedient.

Biedermann glaubt, diese Ohnmacht in Macht zu
verwandeln, indem er sich mit dem Bösen verbrüdert.
Er unterwirft sich den Brandstiftern und zeigt seine
Ergebenheit durch a) Anpassung, b) Auslieferung des
Eigentums, c) persönliche Anbiederung.

a) Die rein äußerliche Anpassung wird in der
Einladungsszene dargestellt (1). Biedermann entfernt
persönlich alle Zeichen seines bürgerlichen Wohlstan-
des - Kandelaber, Silber und Kristall, Sektkübel, Mes-
serbänklein und damastenes Tischtuch, - um auf diese
Weise sein Heim in das der Brandstifter zu verwandeln:

Die beiden Herren sollen sich wie zu Hause fühlen
(II, 136).

b) Er selbst übergibt den Fremden sein Eigentum.
Er drängt es ihnen sogar nahezu auf, indem er sie als
die eigentlichen Hausherren behandelt. Bezeichnend für
diese Auslieferung des Eigentums ist eine Szene auf
dem Dachboden:

Biedermann (klopft höflich an): Ich möchte nicht
stören.
Eisenring: Aber bitte, Herr Biedermann, Sie sind
hier zu Haus.
Biedermann: Ich möchte mich nicht aufdrängen.
(II,126,127)

Biedermann verleugnet seine Position und tritt sie an
die Brandstifter ab.

---

1) Eine ausgezeichnete Interpretation dieser Szene
stammt von Werner Weber, a.a.O.

c) Indem er sich ohne Widerstand der Gewalt unterwirft, glaubt er vor ihr sicher zu sein und indirekt an
der Macht teilzuhaben. Er will sich die Freundschaft
der Brandstifter erkaufen. Mit der Einladung zum Abend-
essen glaubt er, sie sich verpflichten zu können. - So
zeigt sich, während Biedermann noch versucht, seine
Selbstaufgabe hinter den Worten: Menschlichkeit, Brüderlichkeit und Vertrauen zu verbergen - (allein in
der Einladungsszene spricht er die Brandstifter acht-
mal mit "meine Freunde" an) - unter der Maske das wahre Sein des Bürgers: seine vollständige Verdinglichung
(1). Als Haarwasserfabrikant ist Biedermann ein Vertreter der kapitalistischen Weltanschauung des Unter-
nehmers. Sein Verhältnis zur Umwelt und den Mitmenschen
ist von Profitdenken geprägt. Was der Vermehrung oder
Erhaltung seines Eigentums dient, wird ausgenutzt, alles andere erscheint wertlos. Die Nebenhandlung des
Stückes: der Selbstmord des Angestellten Knechtling
dient der Darstellung dieser Lebenshaltung. Knechtling, der Miterfinder des Haarwassers, verlangt Beteiligung am Gewinn; Biedermann jedoch entläßt ihn,
weil er ihn, nachdem er seine Arbeitskraft ausgenutzt
hat, nicht mehr gebrauchen kann. Biedermann betrachtet
alles als Ware, die Menschen ebenso wie die Dinge. Deshalb glaubt er auch, sich die Brandstifter durch materielle Werte verpflichten zu können. So wie er sich
die Macht in Form von Eigentum erworben hat, glaubt er
umgekehrt mit Hilfe seines Eigentums die Macht, d.h.
die Brandstifter, kaufen zu können. Dadurch wird er
zum Wegbereiter des Bösen.

Biedermann glaubt nicht an den Menschen, wie er
selbst so oft behauptet, sondern an das Eigentum.

---

1) Verdinglichung bedeutet, nach Marx, die ökonomische
   Erscheinungsform der Entfremdung; auch als "Waren-
   fetischismus" bezeichnet.

Heilig sei Heiliges uns, - Eigentum (II,122), kommentiert der Chor. Sich dieses Eigentums ganz sicher zu
sein, ist sein höchstes Lebensziel:
> Ich will meine Ruhe und meinen Frieden haben, nichts
> weiter (II,123).

Der Wunsch des Bürgers, in Ruhe und Sicherheit zu leben,
wird durch die Feuerwehr symbolisch zum Ausdruck gebracht. Sie steht, neben einer Reihe anderer Sicherheits-
maßnahmen, ständig bereit, um das Eigentum des Bürgers zu
bewahren. Die äußere Sicherung des Daseins kann den Bürger jedoch nicht vor seiner eigenen menschlichen Unsicherheit schützen. Sein Spiel mit Schein und Sein ist die Wur-
zel des Bösen. Ohnmächtig sieht die Feuerwehr mit an, wie
Biedermann den Brandstiftern die Macht in die Hand gibt
und seine eigene Zerstörung vorbereitet.

Es zeigt sich, daß Biedermann das Böse nicht zu erkennen weiß. Seine Spaltung macht ihn blind gegenüber der
Wahrheit. Die Brandstifter verhehlen ihre bösen Absichten
keineswegs (1), doch Biedermann ist unfähig, die Wahrheit
zu erkennen.
> Scherz ist die drittbeste Tarnung, die zweitbeste
> Sentimentalität ... Die beste und sicherste Tarnung
> (finde ich) ist immer noch die blanke und nackte
> Wahrheit. Komischerweise. Die glaubt niemand (II,128)-

verrät Eisenring dem Bürger. Doch dieser glaubt niemals
seinen eigenen Erfahrungen, sondern bezieht seine "Wahrheit" aus der Zeitung:
> Der, um zu wissen, was droht,
> Zeitungen liest,
> Täglich zum Frühstück entrüstet,
> über ein fernes Ereignis,
> Täglich beliefert mit Deutung,
> Die ihm das eigene Sinnen erspart,
> Täglich erfahrend, was gestern geschah,
> Schwerlich durchschaut er, was eben geschieht,
> Unter dem eigenen Dach. (II,120)

---

1) Karasek sieht darin eine Anspielung auf Hitler, der
seine Absichten in "Mein Kampf" offen darlegte;
a.a.O.S.73.

Im Kommentar des Chores wird die Ursache für Biedermanns Blindheit gegenüber der Wahrheit ausgesprochen:
er lebt nicht unmittelbar, sondern läßt sich von Vorurteilen leiten. Fremde Erkenntnisse sind der Maßstab
für sein Handeln (1). Er ist unfähig, seine Situation
selbst zu beurteilen und Entscheidungen zu fällen.
Biedermanns Entfremdung erweist sich damit als ein bewußtes Verharren in Unwissenheit und Verantwortungslosigkeit. Er weiß nicht, was gut und böse ist, weil
ihm ein ethisches Bewußtsein fehlt. - Im Nachspiel
entschließt sich der Teufel dazu, die Hölle zu schlie-
ßen. Sie ist sinnlos geworden in einer Welt, die im
Eigentum das höchste Gut sieht und keine ethische Verantwortung kennt. Gut und Böse, Himmel und Hölle existieren nicht für den Bürger, ebensowenig wie der Begriff der Schuld. Der Unwissende glaubt sich immer
unschuldig, weil ein Schuldbewußtsein das ethische
Wissen voraussetzt (2). Biedermann versteht sich als
ein Opfer der Zeitereignisse (3) und leitet daraus
einen Anspruch auf Wiedergutmachung ab:

> Wir sind Opfer ... Wir haben alles verloren, dabei
> sind wir schuldlos. (II,326) Wir haben Anspruch auf
> alles, was verbrannt ist. Wir waren versichert. Ich
> werde nicht ruhen, bis alles wieder hergestellt ist.
> (II,330)

---

1) Zum Thema "Reproduktion" vgl. Interpretation "Graf
   Öderland" Kap. I B 2a.

2) Zum Thema der "Schuldlosigkeit" des modernen Menschen
   vgl. Lenz: "Zeit der Schuldlosen" und Bloch: "Die
   Schuldlosen". - Die eigentliche Schuld des modernen
   Menschen besteht in seinem Glauben, an den Zeiter-
   eignissen unschuldig zu sein. Durch Untätigkeit
   glaubt er sich der Verantwortung zu entziehen.

3) Der Intellektuelle versteht sich, im Gegensatz zum
   Bürger als Opfer seiner eigenen Entscheidungslosig-
   keit: vgl. Don Juan Kap. I, B2.

Selbst in der Katastrophe denkt Biedermann nur an materielle Werte, die er verloren hat, - andere Werte
existieren nicht für ihn. Er akzeptiert die Entfremdung,
weil er keine eigene Urteilskraft hat und nennt seine
Selbstaufgabe "Schicksal". Vom Chor wird der Schicksals-
Begriff des Bürgers parodiert:

> Sinnlos ist viel, und nichts
> sinnloser als diese Geschichte ...
> Was nämlich jeder voraussieht
> lange genug
> Dennoch geschieht es am End:
> Blödsinn
> Der nimmerzuerlöschende jetzt
> Schicksal genannt. (II,156)

Die Sinnlosigkeit dieser Schicksals-Auffassung wird
durch Biedermann selbst entlarvt. Sein Glaube an ein
höheres Geschick erweist sich als ein verantwortungs-
loses Verharren in Unwissenheit.

Die Entfremdung des Bürgers wird in Biedermann
verkörpert als eine bewußte Verantwortungslosigkeit
gegenüber sich selbst und seinen Mitmenschen. Biedermann identifiziert sich mit seinem Besitz, er verding-
licht sich. Seine Beziehung zur Umwelt ist dem Prinzip
der Nützlichkeit unterworfen. Menschlicher Anteilnahme
oder Liebe ist er nicht fähig, weil er selbst kein
"freier" Mensch, sondern ein "Ding", ein "Unmensch"
ist. Seine Sprache, mit der er die "Unmenschlichkeit"
zu verbergen versucht, erweist sich als Lüge. Sie enthüllt seine Gespaltenheit und seine Ohnmacht gegenüber
der Wahrheit. Biedermann weiß nicht, daß das Wesen des
Menschen darin besteht, sich auf Grund seiner ethischen
Freiheit selbst zu wählen. Er ist unwissend, weil er
nicht wissen will . Er fühlt sich wohl in seiner Bewußtlosigkeit, denn dieser Zustand scheint ihn der
Entscheidungspflicht zu entheben. Aus diesem Grund ist
Biedermann unbelehrbar (1). Selbst durch eine Kata-

---

1) Zur "Unbelehrbarkeit" des Biedermann vgl. Kap.III.
   Das Bewußtwerden der Entfremdung im "Lehrstück
   ohne Lehre".

strophe, einen "Weltenbrand" gelangt er zu keiner
Selbsterkenntnis und erfährt nicht, worin die
Existenz des Menschen besteht.

ab) Andorra (1)

Das Problem des "sich-selbst-nicht-bewußten"
Menschen, des Bürgers als "Biedermann", der sein Wissen aus zweiter Hand bezieht, und bösen Einflüssen
ohnmächtig ausgesetzt ist, hat Max Frisch in seinem
Stück "Andorra" noch einmal aufgegriffen. Das Bewußtsein des Bürgers ist von Vorurteilen geprägt und damit der Wirklichkeit gegenüber verschlossen. Befangen
in seine bürgerliche Ideologie, vermag er die Welt
nur unter einem einzigen Blickwinkel zu sehen. Er,
der vom Vorurteil fixierte, fixiert seinerseits die
Welt. Der Entfremdete stiftet Entfremdung.

Die Ideologie der Andorraner ist ihr Nationalismus. Er spaltet die Menschen in zwei Gruppen: Andorraner und Fremde (2). Durch die Kontrastfarben
schwarz und weiß wird die scharfe Abgrenzung symbolisch zum Ausdruck gebracht: Andorra ist das weiße,
reine Land; die Nachbarn dagegen werden als die
Schwarzen bezeichnet. Die Gemeinschaft der Andorraner beruht auf ihrer Solidarität gegenüber den Fremden. Sie ist auf einer Begrenzung des Menschen begründet und erweist sich damit als das Gegenteil
einer wahren, menschlichen Gemeinschaft. Haß ist

---

1) Zur Interpretation des Stückes vgl.: Karl Schmid:
   Andorra und die Entscheidung; in: Unbehagen im
   Kleinstaat, Zürich 1962, S.169ff. Helmut Krapp:
   Das Gleichnis vom verfälschten Leben; in: Spek-
   takulum 5, Frankfurt 1962, S.282-285. H.Karasek,
   a.a.O. S.90-90; H.Bänziger; a.a.O. S.101-111;
   E.Stäuble, a.a.O. S.210-216; C.Petersen, a.a.O.
   S.78-84.

2) Vgl. Frisch: Büchner-Rede, R.47 u.53 - Das Wesen
   jeder Ideologie besteht darin, daß sie Grenzen
   errichtet und falsche Alternativen aufstellt.

ihre Ausdrucksform. Das Fremde wird als eine Bedrohung des Eigenen empfunden. Man begegnet ihm mit Mißtrauen und versucht, durch eine Betonung des National-
gefühls die Grenzen zu verfestigen.

Andri, der vermeintliche Jude, ist für die Andorraner die Verkörperung des Fremden. "Er ist, wie
sein Name andeutet der "Andere" = Andri" (1). Seine
Existenz fordert die Andorraner zu einer ständigen
Überprüfung ihrer Eigenheit heraus. Mit christli-
cher Metaphorik (2) weist Frisch auf die Bedeutung
Andris hin: Er wird bezeichnet als der "Pfahl im
Fleisch" der Andorraner (3). Im übertragenen Sinne
bedeutet das, daß er das Volk zu einer Auseinandersetzung mit der Wahrheit zwingt.

> Immer verlangen sie, daß unsereiner sich an ihnen
> bewährt, (II,264)

beklagt sich der Doktor. Der Fremde konfrontiert den
Andorraner mit sich selbst und stellt ihn immer wieder vor die Frage, ob seine Wahrheit die einzige ist
oder ob nicht vielmehr die Begrenzung der Wahrheit
durch eine Ideologie bereits ihre Aufhebung bedeutet.

Andri, die Ausprägung des Andorranischen Vorurteils, hält dem Volk einen Spiegel vors Gesicht. Doch
die Andorraner erkennen sich nicht. Der Einzelne begreift nicht seine Verantwortung als Individuum, son-

---

1) Zur Symbolik der Namensgebung bei Frisch vgl.Kap.II
   A 3a. Die Person als Sinnbild und Spielobjekt.

2) Frisch bedient sich, besonders in seinen späteren
   Werken häufig einer christlichen Metaphorik mit
   weltlicher Bedeutung, die auf eine intensive Beschäftigung mit Kierkegaard hindeuten; vgl.Bänziger
   a.a.O.S.111.

3) 2.Korinther 12,7: "Auf daß ich mich nicht der hohen
   Offenbarung überhebe, ist mir gegeben ein Pfahl, ins
   Fleisch, nämlich des Satans Engel, der mich mit
   Fäusten schlage."

dern stellt sich in ein Kollektiv, das ihm verbind-
liche Wertmaßstäbe liefert: Andorra = weiß = gut;
das Fremde = schwarz = schlecht. Aus seiner Unwissenheit entsteht die Angst vor dem Bösen und der Versuch,
es im Fremden einzufangen und zu vernichten:

> Das ist das Böse. Alle haben es in sich, keiner
> will es haben ... Es ist in der Luft, aber da
> bleibt's nicht lang, es muß in einen Menschen
> hinein, damit sie's eines Tages packen und tö-
> ten können. (II,219)

Es ist Andri selbst, der ahnt, daß sich hinter dem
Andorranischen Vorurteil gegen das Fremde, die Angst
vor der eigenen Unwissenheit verbirgt.

Aus Mangel an ethischem Bewußtsein hält der
Andorraner sich für unschuldig:

> Unsere Unschuld ist unsere Waffe ... Ein Volk
> wie wir, das sich auf's Weltgewissen berufen
> kann wie kein anderes, ein Volk ohne Schuld.
> (II, 258)

Die Andorraner sind von ihrer Schuldlosigkeit überzeugt, weil sie das Böse immer im anderen suchen.
Einzeln treten sie vor - (der Wirt II,216; der Tischler II,221; der Geselle II,228; der Soldat II,247;
der Jemand II,276; der Doktor II,289) - und bekennen
sich unschuldig (1).
Der Pater ist der einzige, dessen Gewissen sich regt
und der zu einem Bewußtsein der Schuld des Bürgers
gelangt.

> Ich wollte ihm mit Liebe begegnen ... Auch ich
> habe mir ein Bildnis gemacht von ihm, auch ich
> habe ihn gefesselt, auch ich habe ihn an den
> Pfahl gebracht. (II,254)

Während der Pater erkennt, daß die Fixierung eines
Menschen eine Versündigung gegen das Leben bedeutet,
verharren die übrigen Andorraner in Unwissenheit
und Entfremdung.

---

1) Zur Interpretation der Publikumsanrede durch die
   Schauspieler vgl. Kap.II, C2.

Andri ist, im Gegensatz zu den Andorranern,
ein Mensch auf der Suche nach sich selbst. Er glaubt
nicht, zu wissen wer er ist, sondern bemüht sich verzweifelt um ein Bewußtwerden seiner Existenz. Die Konfrontation mit dem Bildnis des Juden, das seine Umwelt ihm entgegenhält, zwingt ihn dazu, sich die Fragen nach seiner Andersartigkeit zu stellen und seine
Suche in der Auseinandersetzung mit dieser Frage zu
beginnen.

Andris Identitätssuche läßt sich in drei Stadien einteilen:

1) Zunächst begegnet er seiner Fremdheit ebenso wie
die Andorraner mit Haß. Er haßt sich selbst als den
"Anderen" und bemüht sich, das Bildnis dadurch zu
leugnen, daß er sich, so weit wie möglich, den Andorranern anpaßt. So erscheint ihm z.B. seine Auf-
nahme in die Fußballmannschaft (3.Bild) als eine
Eingliederung in die Reihe der Gleichen und eine Ne-
gierung seiner Andersartigkeit. - Doch das Bildnis
erweist sich als stärker; die Angleichung mißlingt,
und es wird nichts aus der Freundschaft mit den Fuß-
ballspielern.

2) Der Pater führt Andri in ein zweites Stadium seiner Suche nach sich selbst. Er soll seine Andersartigkeit nicht mit Haß bekämpfen, sondern sie als
seine Eigenart anerkennen.

> Liebe deinen Nächsten, wie dich selbst. ... Wie
> dich selbst. Wir müssen uns selbst annehmen, und
> das ist es, Andri, was du nicht tust. (II,252)

Die Liebe erscheint als die Möglichkeit, sich selbst
und seiner Umwelt offen gegenüberzutreten und dadurch
die Fixierung im Bildnis aufzuheben.

Andri befolgt den Rat des Paters - er nimmt sich
selbst an:

> Seit ich höre, hat man mir gesagt, ich sei anders,
> und ich habe darauf geachtet, ob es so ist, wie
> sie sagen. Und es ist so, Hochwürden: Ich bin an-
> ders ... (II,273)

Das, was Andri zunächst als eine Begrenzung erschien,
wird ihm nun zu einer Offenbarung seiner Selbst. Mit
Hilfe der Liebe glaubt er die Grenzen überschreiten
zu können - er will Andorra verlassen, mit Barblin,
seiner Geliebten, und ein neues Leben beginnen.

Doch diese Hoffnung beruht auf einer Selbsttäuschung. Während er durch die Annahme seiner Andersartigkeit das eigene Ich gefunden zu haben glaubt,
ist er im Gegenteil zu einer Anerkennung des Bildnisses gelangt, zu einer Bestätigung seiner Entfremdung.
Der Prägung durch die Umwelt vermag er nicht zu entgehen, weil sie sein Bewußtsein soweit fixiert hat,
daß er nur in dem von ihr abgesteckten Rahmen nach
sich selbst suchen kann. In dem Scheitern der Liebe
zwischen Andri und Barblin kommt die Unmöglichkeit,
dem Bildnis zu entgehen, zum Ausdruck. Die Liebe ist
über der Lüge des Lehrers entstanden. Als vermeint-
licher Jude hat sich Andri in Barblin verliebt; dem
Bruder ist diese Möglichkeit verwehrt. Die Liebe erweist sich als begrenzt, weil sie die Fixierung Andris voraussetzt. Ihr Scheitern wird auf der Bühne
durch das Eingreifen des Soldaten Peider zum Ausdruck gebracht.

3) Der Verlust seiner Liebe nimmt Andri jegliche
Hoffnung:

> Ich erschrecke, so oft ich noch hoffe ... Ich
> erschrecke, wenn ich lache, und ich kann nicht
> weinen. Meine Trauer erhebt mich über euch alle,
> und so werde ich stürzen. Meine Augen sind groß
> von Schwermut, mein Blut weiß alles; und ich
> möchte tot sein ... (II,274)

Die Einsicht in die Unentrinnbarkeit seiner Begrenzung hebt Andri über sich selbst hinaus in eine Distanz zum Leben. Er weiß um den Tod und erfährt in
diesem Wissen die Absurdität des Daseins als die
Grundbedingung der menschlichen Existenz. Seine Suche

nach sich selbst findet im Tod ihre Erfüllung.

Die Entfremdung des Biedermann war als ein ohn-
mächtiges Verharren in Unwissenheit erkannt worden.
Die Entfremdung der Andorraner führt noch einen Schritt
weiter. An die Stelle der Unwissenheit tritt eine einseitig orientierte Bewußtseinsprägung, die alles Lebendige in ein Bildnis einfängt und vernichtet. In
Form von Vorurteilen wird die Entfremdung weiterge-
tragen. Der einzelne, der sich dagegen aufzulehnen
versucht, vermag der Prägung durch die Gesellschaft
nicht zu entgehen.

Damit wird die in Frisch Dramen immer wiederkehrende Frage, ob das Individuum überhaupt die Möglichkeit habe, sich selbst zu wählen, zum ersten Mal
unbeschränkt verneint. Die entfremdete Gesellschaft
des 20. Jahrhunderts bestimmt das Bewußtsein des Menschen und läßt dem einzelnen keine Möglichkeit, die
Entfremdung zu überwinden. Andris Identitätssuche ist
sinnlos, weil sie ihn auf seine Entfremdung zurückführt und die tödliche Fixierung nur noch verstärkt.
In diesem Sinne ist Andri die Verkörperung des "absurden Helden". Obwohl er den, von Frisch als "wahr"
erkannten Weg zur Identitätssuche beschreitet, -
über die Stufen von Selbsterfahrung, Selbstannahme und
Selbstentwurf, gelangt er nicht zur Freiheit in der
Selbstverantwortung. Die Gesellschaft hindert ihn daran.

d) <u>Die Identitätssuche als Überwindung der Entfremdung</u>

aa) <u>Biografie</u> (1)

In "Andorra" war die Frage, ob es dem Menschen
überhaupt möglich sei, sich selbst zu wählen, verneint worden. Die Begrenzung durch die Umwelt und die

---

1) Zur Interpretation des Stückes vgl.: Dieter E.
Zimmer: Der Mann, der nicht wählen konnte,
Die Zeit, 9.2.1968.

eigene Natur scheinen die Freiheit der Wahl nicht zu-
zulassen . - Diese Antwort kann Max Frisch nicht als
endgültig betrachten. In seinem letzten Stück "Biografie" versucht er, durch eine andere Art der Fragestellung dem Problem neue Perspektiven zu öffnen. Durch die
Betonung des gesellschaftlichen Aspektes in "Andorra"
schien das Thema zum Stillstand gekommen zu sein. Indem Frisch sich erneut dem privaten Einzelwesen (1)
zuwendet, stellt er die Offenheit der Frage wieder her.

Das Stück "Biografie" ist ein Experiment (2), in
dem es darum geht, die Möglichkeit der Selbstwahl zu
überprüfen. Die "Testperson" ist Kürmann, ein Intellektueller, der den Wunsch hat, sich selbst zu wählen
(3).

> Er hat gesagt: Wenn er noch einmal anfangen könnte,
> dann wüßte er genau, was er anders machen würde in
> seinem Leben (B 7),

so erläutert der Registrator, der als eine Objektivie-
rung des Kürmann'schen Bewußtseins Leiter des Versuches
ist, die Grundlage des Experimentes. Durch die Wiederholung entscheidender Szenen seines Lebens darf Kürmann
alles Zufällige seines Lebens ausschalten. Diese Spiel-
Vorlage wird durch wiederholte Klavierübungen zum Ausdruck gebracht (B, 7, 45, 49, 51, 61, 90). Kürmann darf,
wie ein Klavierspieler, schwierige Szenen so oft proben,
bis er sie "fehlerfrei" spielt - fehlerfrei im Sinne der
gewünschten Selbstwahl.

Kürmann glaubt, daß die Biografie eines Menschen zufällig ist und nicht zwangsläufig das Wesen dieser Person widerspiegelt:

---

1) In einem Interview mit Dieter E.Zimmer spricht Frisch
   von einer bewußten "Reprivatisierung" der Thematik
   (Iv).
2) Zur Form des Experimentes, vgl. Kap. II B 2 "Die Dramaturgie der Variationen".
3) Symbolik des Namens "Kürmann" = der Mann der küren
   (wählen) kann; zur Symbolik s.auch Kap.II A 3.

Ich könnte je nach Zufall auch eine ziemlich andere
Biografie haben, und die man eines Tages hat ...
sie braucht nicht einmal die wahrscheinlichste zu
sein: sie ist nur eine mögliche; eine von vielen,
die ebenso möglich wären unter denselben gesellschaftlichen und geschichtlichen Bedingungen und
mit derselben Anlage der Person. (B 49)

Der Mensch erscheint als eine Summe von Lebensmöglichkeiten (1), unter denen der Zufall die Auswahl trifft
(2). Die Möglichkeiten des einzelnen sind zeitlich -
durch den Tod, räumlich - durch die Gesellschaft und
physisch und geistig - durch die Anlagen und das Bewußtsein einer Person begrenzt:

Nicht der Zufall entdeckt, sondern der Menschen-
geist, der am Zufall erkennt. (B, 43)

Die Intelligenz eines Menschen läßt ihn die zufällige
Situation als eine ihm gegebene Lebensmöglichkeit erkennen. Die Rolle des Zufalls ist es, die Möglichkeit
in sein Bewußtsein zu heben und ihm dadurch zu einer
tieferen Erkenntnis seiner Selbst zu verhelfen. Diese Erkenntnis aber, die Selbsterfahrung, ist es, die
fortan sein Verhalten bestimmt. In diesem Sinne hat
Kürmann durchaus recht, wenn er die Biografie als etwas Zufälliges betrachtet.

Kürmann glaubt, daß seine Biografie die eigene
Selbsterfahrung sehr unzureichend zum Ausdruck bringt.

Ein einziges Mal in meinem Leben hatte ich eine
Einsicht ... Es war eine wirkliche Einsicht. Aber
ich kann sie nicht wieder denken. (B, 28)

Die Zufälle seiner Biografie haben ihn nicht auf seine
Selbsterfahrung zurückgeführt, sondern von ihr entfernt. Die Auswahl aus seinen Lebensmöglichkeiten erscheint ihm deshalb willkürlich. Er möchte in der Wie-

---

1) Vgl.Frisch: "Ich schreibe für Leser" a.a.O. S.13.
   "Die Person ist eine Summe von verschiedenen Möglichkeiten, meine ich, eine nicht unbeschränkte
   Summe, aber eine Summe, die über die Biografie hin-
   ausgeht. Erst die Varianten zeigen die Konstante."

2) Zum Thema des "Zufalls" vgl.Interpretation des
   "Don Juan", Kap. I B 2b.

derholung eine bessere wählen, indem er sich von seiner
Selbsterfahrung leiten läßt (1).

Doch das Experiment verläuft negativ. In der sechsmal wiederholten Begegnungsszene mit Antoinette verhält
sich Kürmann immer so, daß die Ehe eine zwangsläufige
Folge dieser zufälligen Bekanntschaft ist. Er geht weiter zurück in seinem Leben, vermag sich aber zu keiner
Änderung zu entschließen. Sein Beschluß, in die kommunistische Partei einzutreten, obwohl er sich als Non-Kon-
formist (B 48, 53) immer gegen die Zugehörigkeit zu ir-
gendeiner Partei ausgesprochen hat, ist nichts als ein
letzter, ohnmächtiger Versuch, sich selbst zu beweisen,
daß er wählen kann. Sie wandelt die Biografie, nicht
aber den Menschen.

Kürmann wiederholt sich, ohne zu einer tieferen Erkenntnis seiner Selbst zu gelangen und sein Leben von dort
her zu bestimmen. Er bleibt, trotz der Zugehörigkeit zu
einer politischen Partei, der entfremdete Intellektuelle,
der zu seiner Umwelt keine reale Beziehung hat. In der
Wissenschaft erzielt er Ergebnisse, die er im täglichen
Leben nicht anzuwenden vermag. Sein Beruf: Verhaltens-
forschung ist ihm im Grunde fremd, weil er ihn nicht zu
einer Erkenntnis seines eigenen Verhaltens führt. Kürmanns Wiederholung wird symbolisch durch die Spieluhr
zum Ausdruck gebracht:

> Figuren, die immer die gleichen Gesten machen, so-
> bald es klimpert und immer ist es dieselbe Walze,
> trotzdem ist man gespannt jedesmal (B 9).

---

1) Im Gegensatz zu seinen literarischen Vorgängern -
   Rittmeister, Graf Öderland, Don Juan - strebt Kürmann nicht nach absoluter Selbstverwirklichung,
   sondern ist sich bewußt, daß es allein um die best-
   mögliche Lebensform gehen kann. Darin spiegelt sich
   eine zunehmende Relativierung des Problems bei
   Frisch wieder. Die philosophische Komponente ist
   stärker als in den früheren Stücken. Darunter leidet jedoch die Theatralik: obwohl das Stück zu
   "spielen"vorgibt, wird vorwiegend reflektiert.

Kürmann erlebt die Selbsterfahrung als eine Fixierung
seiner selbst, die eine Wahl ausschließt. Der Registrator wirft ihm vor:

> Sie verhalten sich nicht zur Gegenwart, sondern
> zu einer Erinnerung. Sie meinen die Zukunft schon
> zu kennen durch ihre Erinnerung. Darum wird es je-
> desmal dieselbe Geschichte. (B 7)

Er ist das Opfer seiner Einsicht, weil er sie als Maßstab an jede Situation heranträgt und sich nicht offen
der Gegenwart stellt. Seine Vorstellung, durch die Erfahrung alles bereits zu kennen, verhindert jede Entfaltung seiner selbst. Zwangsläufig entwickelt sich
seine Biografie immer den Zufällen entsprechend, ohne
jedoch ein gültiger Ausdruck seines Wesens zu sein.
Kürmann erkennt sich nicht durch die Zufälle, sondern
läßt sich von ihnen treiben.

Was Kürmann mißlingt, erreicht Antoinette ohne
Schwierigkeit: sie wählt ein anderes Leben (1). Obwohl sie den gleichen Bedingungen wie Kürmann unterworfen ist und wie er als ein intellektueller Mensch
gekennzeichnet wird (2), vermag sie zu wählen. Auf
Grund ihrer Selbsterfahrung macht sie Entwürfe zu
einem Ich.

Sie will ihr eigenes Leben (B 23),
wird von ihr behauptet; d.h., sie sucht nach der best-
möglichen, ihr "eigenen" Selbstverwirklichung. Im Gegensatz zu Kürmann glaubt sie durch Pläne und Projekte,

---

1) In der Kritik zur Uraufführung wurde darin größtenteils ein Widerspruch gesehen, der den "Befund"
des Stückes nachträglich aufhebt. Ich sehe Antoinette als eine Gestalt, in der Max Frisch die Hoffnung verkörpert, daß die Selbstwahl doch möglich ist.

2) Die Schwäche dieser Gestalt liegt in ihrer undiffe-
renzierten Charakterisierung. Ihre Intelligenz wird
durch Klischeevorstellungen belegt und geht nicht
aus dem Spiel selbst hervor. Folgende Klischees der
modernen gebildeten Frau dienen zur Charakterisierung
der Antoinette: Sie hat bei Adorno promoviert, ist Se-
kretärin im Gallimard-Verlag Paris, möchte einen eigenen Verlag gründen oder eine Galerie eröffnen.

wie z.B. die Gründung eines Verlages oder die Ein-
richtung einer Galerie, dieses Ziel zu erreichen. Dabei hält sie jedoch nicht starr an einem Entwurf fest,
sondern revidiert ihn auf Grund ihrer Erfahrung. Als
die Ehe mit Kürmann sich als eine Begrenzung ihrer
Möglichkeiten, nicht als eine Erweiterung erweist,
entschließt sie sich zur Trennung. Sie wagt einen neu-
en Entwurf.

Antoinette erlebt die Selbsterfahrung als Selbstentwurf. Indem sie auf Grund ihrer Erfahrungen Projekte für die Zukunft aufbaut, verhält sie sich zu sich
selbst und verhindert eine Fixierung.

In seinem letzten Stück "Biografie" überwindet Max
Frisch endgültig die Alternativen - Marxismus und Existentialismus, mit denen er sich in den frühen Dramen
auseinandergesetzt hatte und findet zu einer neuen Definition der Identitätssuche. Nicht durch einen Aufbruch
(1) aus der Entfremdung in Revolution oder Revolte gelangt der Mensch zur Selbstverwirklichung. Die Identitätssuche beruht auf einem Erfahren und Annehmen der
eigenen Grenzen und dem Versuch, sie stetig zu erweitern.
Im Selbstentwurf stellt der Mensch sich als Individuum
in die Gesellschaft.

C. Zusammenfassung

Die Umschreibung der Existenzerfahrung des Dichters
in der Darstellung von Entfremdung und Identitätssuche des Menschen im 20. Jahrhundert.

Max Frisch ist ein Dichter der existentiellen Suche. Das Grundthema seiner Dramen ist die Frage nach der

---

1) Auf den expressionistischen Ursprung der Aufbruchs-
   thematik bei Frisch ist an früherer Stelle bereits
   hingewiesen worden (vgl.Interpretation "Graf Öderland" I B 2b). Indem Frisch den "Aufbruch in seinem
   letzten Stück als Identitätssuche ablehnt, überwindet er den Expressionismus.

Wahrheit des Menschen und seiner Lebensmöglichkeiten
in der heutigen Welt (1). Die Stücke nähern sich der
Wahrheit von verschiedenen Seiten. Sie umstellen sie,
um sie erfahrbar zu machen.

> Man kann die Wahrheit nicht erzählen. Die Wahr-
> heit ist keine Geschichte (2);

erläutert Max Frisch. Man kann nur versuchen, sie in
Geschichten oder Theatermodellen zu umschreiben und
bis an ihren Kern vorzudringen.

Der Dichter geht aus von der eigenen Existenzerfahrung. Sie liefert ihm "Erlebnismuster", die er
in seinen Werken auf ihren Wahrheitsgehalt hin untersucht.

> Was wir in Wahrheit haben, sind Erfahrungen, -
> Erlebnismuster. Nicht nur indem wir schreiben,
> auch indem wir leben, erfinden wir Geschichten,
> die unser Erlebnismuster ausdrücken, die unsere
> Erfahrung lesbar machen (W 28).

Die Existenzerfahrung des Dichters Max Frisch läßt
sich in dem Begriff der Entfremdung des Menschen zusammenfassen. Durch eine analysierende Darstellung
ihrer Symptome versucht er festzustellen, worin die
Entfremdung besteht und auf welche Weise sie überwunden werden kann.

Im unwissenden Bürger gestaltet Max Frisch den
von seiner Umwelt determinierten Menschen, der auf
Grund seiner Bewußtlosigkeit in materieller Existenz
verharrt. Er ist unfähig, die Entfremdung zu überwinden, solange er nicht begreift, daß er seine Existenz vor sich selbst und vor der Gesellschaft ver-

---

1) Alle Dramen kreisen um dieses gleiche Thema. Im
   Werkstattgespräch mit Horst Bienek sagt Frisch zur
   ständigen Wiederkehr seiner Thematik: "Bei jeder
   neuen Arbeit hatte ich das naive Gefühl, daß ich
   jetzt ... ein radikal anderes Thema angehe - um
   früher oder später festzustellen, daß alles, was
   nicht radikal mißlingt, das radikal gleiche Thema hat" (W 30).

2) Max Frisch: "Geschichten"; in: Ausgewählte Prosa,
   Frankfurt 1965, ed. Suhrkamp 36; S.9.

antworten muß. Er nimmt sie als etwas Gegebenes und
bemüht sich nicht, sie zu erkennen und zu ergreifen.
Seine eigene Existenz bleibt ihm fremd.

Eine entgegengesetzte Form der Entfremdung gestaltet Max Frisch im Typ des Intellektuellen. Obwohl er ein klares Bewußtsein von seiner Existenz hat,
versäumt er es, sie zu ergreifen. Um der Determinierung durch die Umwelt zu entgehen, stellt er sich
außerhalb der Gesellschaft und flüchtet in eine geistige Existenz. Indem er die Verantwortung gegenüber
der Umwelt ablehnt, wird er unfähig, sich vor sich
selbst zu verantworten. Auch er entfremdet sich von
seiner Existenz.

Der Dichter als der Wissende und nach Wahrheit
Suchende bemüht sich schreibend, die Entfremdung zu
überwinden. Er begreift sein Wissen als eine Verantwortung gegenüber der Gesellschaft und versucht durch
die Gestaltung der Entfremdung des Menschen zu einem
ethischen Bewußtsein seiner Mitmenschen beizutragen.
Seine Dichtung ist eine Verkörperung der Identitätssuche, in der die drei Stadien - Selbsterfahrung,
Selbstannahme und Selbstentwurf - verwirklicht sind:

a) Die Selbsterfahrung des Dichters erweist sich als
Antrieb zum Schreiben, weil sie in ihm den Wunsch nach
Darstellung weckt (1).

b) Die Selbstannahme bedeutet eine Anerkennung der
menschlichen Existenz, denn -

> Wie sollen Schriftsteller, wenn sie eigentlich den
> eigenen Menschenschlag nicht leiden können, Men-
> schen darstellen ... (R 49)

c) Max Frisch, der die Verschlossenheit gegenüber dem

---

1) Vgl. Einleitung A) Das Drama als Ausdruck der Existenzerfahrung des Dichters.

Menschen für eine vollkommene Entfremdung hält, wagt
in seinem Werk immer neue Entwürfe zu einem dem Bewußtsein seiner Zeit entsprechenden Menschenbild. Er
ist ein Liebender. In seiner Dichtung und durch seine Dichtung sucht er nach den Identitätsmöglichkeiten
des heutigen Menschen.

II. **D i e   F o r m   d e r   D r a m e n**

Die Kommunikation von Dichter und
Gesellschaft im "Modell".

A. Das "Modell" als Deutung der Welt
des 20. Jahrhunderts.

Der Modellcharakter der Dramen von Max Frisch ist
in der existentiellen Kunstauffassung des Dichters begründet: Das Modell ist die Abbildung und Überprüfung
seiner Selbsterfahrung. Indem der Dichter aus der Fülle
der Lebensmöglichkeiten eine einzelne Existenz heraus-
greift und auf die Bühne stellt, versucht er, die Wirklichkeit durchschaubar zu machen und zur Wahrheit vorzudringen (1).

Frisch orientiert seine Auffassung von "Wirklichkeit" und "Wahrheit" an dem naturwissenschaftlichen
Bewußtsein unseres Jahrhunderts:

> Es gibt keinen Raum, daher auch keine Zeit ...
> Zeit ist eine Funktion des Raumes. Nicht die Wahr-
> heit, sondern wir sind so beschaffen, daß wir uns
> in Zeit und Raum zu erleben vermögen. (I, 178)

Mit dieser Deutung der Relativitätstheorie von Albert
Einstein (2), die der Heutige in der "Chinesischen Mau-
er" der Prinzessin darlegt, versucht Max Frisch das
Weltbild der modernen Naturwissenschaften zum Ausgangs-

---

1) Vgl. Einleitung Teil A.
2) Albert Einstein: Spezielle Relativitätstheorie 1922.

punkt für Raum- und Zeitbegriff seiner Modelle zu
machen. Die Absage an ein "absolutes" naturwissen-
schaftliches Bezugssystem, in dem Zeit und Raum als
meßbare Größen erscheinen und das der klassischen
Physik bis ins 19. Jahrhundert hinein zugrunde lag
(1), wird vom Dichter als eine "existentielle" Aussage verstanden (2). Der Mensch schafft sich, seinen
Kenntnissen entsprechend (3), ein logisches Bezugssystem, das seine naturgegebene Wirklichkeit zu deuten vermag. Erst seit Anfang dieses Jahrhunderts ist
er sich vollständig darüber im klaren, daß sein System nur ein denkbares unter vielen ist.

Vergleicht man diese Theorie mit dem Wahrheits-
begriff der Existentialisten, so werden Parallelen
deutlich, die das existentielle Denken als eine, dem
naturwissenschaftlichen Bewußtsein unseres Jahrhunderts entsprechende Philosophie ausweisen: Der Mensch
entwirft sich in das "Nichts" und setzt sich durch
die Selbstwahl ein "subjektives" Wertesystem. Sein Bewußtsein ist relativ - eine absolute Wahrheit kann es
für ihn nicht geben, da er sich nur in Relationen wie
Zeit und Raum zu erleben vermag. Er erfährt die Wahrheit in "bedingter" Form, indem er sie in Beziehung

---

1) Das moderne naturwissenschaftliche Weltbild wird
   durch die Entdeckungen von Max Planck, Werner Heisenberg und Albert Einstein u.a. begründet. Es unterscheidet sich von der klassischen Physik grundsätzlich darin, daß nichts mehr als objektiv meßbar angesehen wird (Unschärfetheorie von Heisenberg), sondern
   nur in Relation zu einem "vereinbarten", durch die Erkenntnisse der Naturwissenschaften bestimmten Bezugssystem.

2) Auf die Beziehungen vom modernen naturwissenschaftlichen und existentiellen Weltbild als einer gemeinsamen Absage an ein "absolutes" Weltsystem im Sinne Hegels (vgl.Kierkegaard), kann hier nicht näher eingegangen werden. Max Frisch versucht, seine existentielle Weltauffassung durch die modernen Naturwissenschaften zu stützen und damit die "materielle" Auffassung des Marxismus zu widerlegen.

3) Die Erforschung der Natur hat eine ständige Erweiterung des Bezugssystems zur Folge; dabei bedeutet Erweiterung immer fortschreitende Relativierung.

setzt zu sich selbst und auf diese Weise in die Wirklichkeit holt. Die Bemühung des Menschen um eine "Verwirklichung" seiner "subjektiven Wahrheit" wird von
Max Frisch als Identitätssuche verstanden.

Die Form des Modells entspricht der Identitätssuche, indem der Stoff, den die Wirklichkeit bietet,
vom Dichter durch die Auswahl beschränkt und in Hinblick auf die Wahrheit durchschaubar gemacht wird. Das
Modell steht außerhalb von Raum und Zeit, weil es in
den Bereich der Wahrheit vorzudringen versucht. Die
Bedeutung des Modells zu erfassen und in die Wirklichkeit umzusetzen, ist die Aufgabe der Zuschauer. Durch
eine Kommunikation mit dem Publikum versucht der Autor,
die "Verteilung der Rollen" im Modelltheater des naturwissenschaftlichen Jahrhunderts klar zu machen: Der
Dichter offenbart im Modell durch Zersetzen der Wirklichkeit die Wahrheit, der Zuschauer als Partner verwirklicht die offenbarte Wahrheit in seinem Leben.

> Als Stückeschreiber hielte ich meine Aufgabe für
> durchaus erfüllt, wenn es einem Stück jemals ge-
> länge, eine Frage dermaßen zu stellen, daß die
> Zuschauer von dieser Stunde an ohne eine Antwort
> nicht mehr leben können, ohne ihre Antwort, ihre
> eigene, die sie nur mit dem Leben selber geben
> können. (Tb 141)

1. Raumstruktur

Die Bühne als Spielfeld des Bewußtseins.

Spielplatz ist immer die menschliche Seele (Tb
264), schreibt Max Frisch in seinem Tagebuch. Der theatralische Ort seiner Stücke ist nicht real, sondern geistig und seelisch. Unbewußtes und Unterbewußtes der
menschlichen Seele wird im Modell durch die Darstellung
ins allgemeine Bewußtsein gehoben.

> Ort der Handlung: diese Bühne (oder man könnte auch
> sagen: unser Bewußtsein) (I 156)

verkündet der Heutige zu Beginn der "Chinesischen Mauer".

Der Ort des Stückes wird in den Zuschauer selbst
verlegt, denn die Bühne gibt vor, ein Abbild seines Bewußtseins zu liefern. Auf diese Weise wird eine Verbindung von Zuschauerraum und Bühnenraum hergestellt - der
"Spielplatz" des Modells ist in dem Spannungsverhältnis
zwischen Bühnenbewußtsein und Publikumsbewußtsein angesiedelt.

a) Die theatralischen Mittel: Bild und Sprache.

Zur Herstellung eines solchen Spannungsfeldes stehen dem Autor zwei Mittel zur Verfügung:
1) Das Bühnenbild und die szenische Handlung - das
   sinnlich Wahrnehmbare.
2) Das sprachliche Bild, das Symbol - das geistig
   Wahrnehmbare.
Aus dem Widerspiel dieser beiden künstlerischen Mittel
entsteht der theatralische Ort eines Modells:

> Wahrnehmung und Imagination. Ihr Zusammenspiel, ihr
> Bezug zueinander, das Spannungsfeld, das sich zwi-
> schen ihnen ergibt, das ist es, was man, wie mir
> scheint, als das Theatralische bezeichnen könnte.
> (Tb 260)

Die Bühnenanweisungen zu den Stücken von Max Frisch
lassen eine bewußte Beschränkung auf funktionsgebundene
Kulissen erkennen. Das Bühnenbild hat niemals Eigenwert
im Sinne eines Stimmungshintergrundes, sondern steht in
engem Zusammenhang mit der Handlung:

> Kulissen sollen nur soweit vorhanden sein, als sie
> der Schauspieler braucht, und auf keinen Fall dürfen
> sie eine Wirklichkeit vortäuschen: Denn es muß der
> Eindruck des Spiels durchaus bewahrt bleiben.(II 394)

Frisch ist bemüht, den Eindruck einer illusionären Wirklichkeit zu vermeiden. Da das vollständig ausgestattete
Bühnenbild die Imaginationsgabe des Zuschauers ungenutzt
läßt, erzielt es eher eine "einschläfernde" Wirkung (1),
statt zu geistiger Tätigkeit anzuregen. Frisch möchte

---

1) Die Überzeugung, daß das Illusionstheater einschläfernd
   wirke, bezieht Frisch von Bert Brecht. Brecht möchte
   die "Kinder des wissenschaftlichen Zeitalters" zu kri-
   tischem Bewußtsein erziehen und verdammt deshalb jede
   Theaterform, die das kritische Vermögen des Zuschauers
   ausschaltet. Vgl.Brecht: Kleines Organon für das Theater, Abschn.26ff, Bd.16/673ff.

jedoch im Modell eine intellektuelle Anteilnahme des
Publikums bewirken und versucht deshalb, die Vorstel-
lungskraft des Zuschauers herauszufordern. In den Anmerkungen zu "Andorra" schreibt er z.B.:

> Die Bühne soll so leer wie möglich sein. Ein Pro-
> spekt im Hintergrund deutet an, wie man sich Andor-
> ra vorzustellen hat; auf der Spielfläche steht nur,
> was die Schauspieler brauchen (11,347).

Die Kunst des dramatischen Autors besteht für Frisch
darin, durch Andeutungen das Bewußtsein des Publikums
zu wecken und die Imagination freizusetzen.

Das zweite Mittel, das ihm bei seiner Andeutungs-
kunst zur Verfügung steht, ist das gesprochene Wort.

> Der Ort, wo die Szenen spielen, geht aus dem ge-
> sprochenen Wort hervor (I,394),

schreibt Max Frisch in den Anmerkungen zu "Nun singen
sie wieder". Die Symbolkraft der Sprache weckt im Zuschauer eine bildliche Vorstellung und nimmt seine
Imaginationsgabe in hohem Maße in Anspruch. Aus diesem Grunde verwendet Max Frisch eine große Zahl sprach-
licher Symbole in seinen Stücken. Bezeichnend sind seine Überlegungen zum Symbol des "Pfahls" in "Andorra":

> Die Hinrichtung wurde gestrichen; es blieb der lee-
> re Pfahl auf der Bühne. Ich habe auch den Pfahl ge-
> strichen. Gerade dadurch, daß wir den Pfahl nicht
> mehr mit Augen sehen, sondern nur noch die Worte
> des bestürzten Vaters, wird der Pfahl wieder, was
> er sein sollte, Symbol (II,353).

Der Zuschauer, der gezwungen ist, sich den Pfahl vor-
zustellen, muß einen geistigen Beitrag zum Stück leisten. Während der tatsächlich vorhandene Pfahl von ihm
als Requisit hingenommen werden könnte, regt das geistig wahrnehmbare Bild ihn zum Denken an. Das Wort verweist auf den Sinn des Stückes: Andris Fixierung durch
die Umwelt.

Ähnliches gilt für die zahlreichen Symbole, auf
die in den Einzelinterpretationen schon hingewiesen
wurde:

a) Symbole der <u>Entfremdung</u>

Mauer	(Chinesische Mauer)
Schloß	(Santa Cruz, Don Juan)
Gefängnis	(Graf Öderland)
Schnee	(Santa Cruz, Graf Öderland)

b) Symbole des <u>Aufbruchs</u> zur Identitätssuche

Schiff	(Santa Cruz, Graf Öderland)
Meer	(Santa Cruz)
Flammen	(Graf Öderland)
Axt	(Graf Öderland)

c) Symbole der <u>"utopischen" Identitätssuche</u> (1)

Insel	(Santa Cruz, Graf Öderland)
Koralle	(Santa Cruz)
Geometrie	(Don Juan)
Schachspiel	(Don Juan)

d) Symbol für eine <u>"wirkliche" Identitätssuche</u>

Kind	(Santa Cruz, Don Juan)

Eine andere Form der sprachlichen Vergegenwärtigung ist das Zitat. Durch das Verwenden bekannter klassischer Zitate stellt der Autor einen Kontakt zum Bewußtsein des Publikums her. Die sprachliche Andeutung genügt, um Assoziationen zu wecken, die zum Verständnis des Stückes beitragen. Frisch bemüht sich, den theatralischen Ort seiner Stücke dadurch zu erweitern, daß er im Publikum vorhandene Bewußtseinsbilder ausnutzt.

a) In der "Chinesischen Mauer" nehmen die Zitate in den Gestalten von: Romeo und Julia, Philipp von Spanien, Pontius Pilatus, Napoleon Bonaparte, Brutus, Don Juan, Cleopatra und Christoph Columbus sinnlich wahrnehmbare Form an. Sie sind Figuren, -

- die nun einmal durch unser Bewußtsein wandeln (I, 156),

um durch Assoziationen hervorgerufen zu werden.

Sie haben ihre Existenz ausschließlich in der Sprache. Daher die Stil-Zitate: Brutus nach Shakespeare usw. (I, 156)

---

1) Zum Begriff der "Utopie" vgl.Interpretationen von "Graf Öderland" und "Santa Cruz", I, B 2a.

Indem der Dichter auf literarische Vorbilder seines
Themas verweist, erzeugt er einen Perspektivenwech-
sel, der an die geistige Beweglichkeit des Publikums
Anforderungen stellt.

b) Die Zitate in "Don Juan oder die Liebe zur
Geometrie" stammen aus verschiedenen Bearbeitungen
des Don Juan-Mythos: Tirso de Molina, Molière, Mo-
zart. Max Frisch verwendet sie, um den geistig-ästhe-
tischen Charakter des Don Juan, der die verschieden-
sten literarischen Fixierungen zuläßt, zu belegen (1).

c) In das Stück "Biedermann und die Brandstifter"
sind Zitate von Hofmannsthal eingestreut. Die Rufe des
Brandstifters:

Jedermann! Jedermann!
Biedermann! Biedermann! (II, 148)
und Babettes Kommentar:

"Das haben wir in Salzburg gesehen";
sollen Assoziationen im Bewußtsein der Zuschauer wecken,
die zur Deutung des Biedermann als einer Jedermann-Gestalt des materiell fixierten Bürgertums notwendig sind.

b) Die Kompensation von Bild und Sprache

Damit das Widerspiel von Wahrnehmung und Imagination zu einem theatralischen Spannungsfeld zwischen
Bühne und Zuschauerraum führt, muß das Verhältnis von
sinnlich wahrnehmbarem Bild und sprachlichem Bild aus-
geglichen sein. Das Gesetz des Ausgleichs - der Kompensation - nimmt der Autor aus dem Bereich der menschlichen
Seele:

Spielplatz ist immer die menschliche Seele. Ihren
Gesetzen ist alles unterworfen. Eines dieser Gesetze: Kompensation ... Der theatralische Bezug, das
Widerspiel von Wahrnehmung und Imagination, wird
besonders zwingend sein, ..., wenn er den Bedürf-
nissen der menschlichen Seele folgt, wenn er beispielsweise aus einer Kompensation besteht (Tb 265).

_____

1) Vgl.Interpretation des "Don Juan", I B 2b.

Unter Kompensation versteht Max Frisch folgendes: Der
Bühnenraum muß so konstruiert sein, daß er das dichte-
rische Wort zur Geltung bringt, und umgekehrt muß die
Sprache den Blick auf die szenische Handlung öffnen.
Diese gegenseitige Wirkung wird durch Kontrasierung
erreicht.

Betrachten wir zunächst den Bühnenraum als Mittel
zur Sprachhervorhebung. Frisch gibt folgende Definition:

> Wenn ich einen Kerker wahrnehme, findet mich das
> Wort, das eine freie und heitere Landschaft schil-
> dert, besonders empfänglich ... Oder wenn ich ein
> fröhliches und übermütiges Fest wahrnehme, hat
> eine Stimme, die den Tod erwähnt, besondere Macht;
> die Imagination, die sie verlangt, entspricht ja
> meiner Angst. (Tb 264f)

Besonders in seinen frühen Stücken verwendet Max
Frisch das Prinzip der Kompensation in diesem Sinne.
Sein Thema ist die Freiheitssuche des Menschen; der
theatralische Ort seiner Dramen ist das Gefängnis.

a) Das Stück "Als der Krieg zu Ende war" spielt
zum größten Teil in einem Keller, der für Horst und
Agnes zum Gefängnis geworden ist. Während es Agnes
gelingt, dem Keller zu entfliehen, bleibt Horst darin
gefangen. Der Bühnenraum weist symbolisch auf das
Problem des Stückes hin: Agnes überwindet die Entfremdung; Horst hingegen verharrt in der Fixierung.

b) Hinter der "Chinesischen Mauer" wird das Problem der Freiheit zu einer "Farce", wie der Untertitel
des Stückes bereits verkündet. Auf dem Zwischenvorhang
ist, laut Bühnenanweisung, "die Chinesiche Mauer in
sachlicher Weise abgebildet"; d.h. sie betrifft nicht
nur den Bühnenraum, sondern wird dem Publikum als eine
ewige Bedrohung für die Gesellschaft vor Augen geführt.

c) In "Santa Cruz" wird die Freiheitssehnsucht
des Rittmeisters durch den Kontrast des gefängnisglei-
chen Schlosses hervorgehoben. Das Scheitern seines

Fluchtversuches weist darauf hin, daß dem Menschen
die Überwindung der Entfremdung nur innerhalb seiner menschlichen Begrenzung gelingen kann.

d) Die Gefängnisräume in "Graf Öderland" variieren: 1. das reale Gefängnis, in dem der Mörder
sitzt; 2. die Villa des Staatsanwaltes, die sich als
ein "Irrenhaus der Ordnung" erweist; 3. das Gewölbe
in der Kanalisation. Die Freiheitssehnsucht des Grafen Öderland treibt ihn von Gefängnis zu Gefängnis,
und doch vermag er dem Gefangenendasein des Menschen
nicht zu entgehen.

Der Mangel an Freiheit wird, wie die Beispiele
gezeigt haben, durch das Bild des Gefängnisses besonders deutlich zum Ausdruck gebracht. Der Dialog, in
dem die Suche des Menschen nach sich selbst als einem
"freien" Wesen zum Ausdruck kommt, findet einen durch
die kontrastierende Wirkung des Bühnenbildes aufmerksam gemachten Zuhörer.

In seinen späteren Stücken verwendet Max Frisch
die umgekehrte Methode der Kompensation von Wort und
Bild: die Sprache tritt zurück, um die szenische Handlung sinnfällig werden zu lassen:
Abenteuerliches vollstreckt sich im Schweigen (1).

a) Die Handlung des Stückes "Biedermann und die
Brandstifter" entwickelt sich nicht in der Sprache,
sondern im szenischen Hintergrund (2). Biedermann benutzt die Sprache dazu, sein eigentliches Wesen zu be-
decken. Gerade weil er sie wie eine Maske der Verstel-
lung um die Szene herumlegen möchte, werden die Worte
durchsichtig und lenken die Aufmerksamkeit des Zuschauers auf das, was sich hinter der Sprache abspielt: die
Brandstiftung. Das Bühnenbild und die szenische Handlung
zeigen die Vorbereitungen:

---

1)Frisch: Nachbemerkungen zu "Biedermann und die Brandstifter", in: Programmheft des Züricher Schauspielhauses zur Uraufführung 29.3.1958; zum Thema des
  "Schweigens" vgl. Zusammenfassung Kap. II.
2)Vgl.E.Stäuble, a.a.O.S.113.

- die Einquartierung von Schmitz und Eisenring auf
  dem Dachboden,
- der Transport von Benzinfässern,
- das Abmessen der Zündschnur,
- das Besorgen von Putzwolle und Streichhölzern.
Von der Sprache wird der szenische Hintergrund geleug-
net. Gerade deshalb wird dem Zuschauer seine Bedeutung
bewußt.

b) Ähnliches läßt sich an dem Stück "Andorra" beobachten. Andris Hinrichtung findet in der Stille statt:
> Andri ist von schwarzen Soldaten umringt und nicht
> zu sehen, als man seinen Schrei hört, dann Stille.
> Andri wird abgeführt. (II, 306)
Diese Szene wirkt durch die schweigende Handlung. Später versuchen die Andorraner sich durch die Sprache von
dem szenischen Spiel zu distanzieren, aber das Bild bleibt
stärker als ihre Worte.

Beide Stücke "Biedermann und die Brandstifter" und
"Andorra" verfügen, im Gegensatz zu den frühen Dramen,
über detaillierte Bühnenanweisungen. Der szenische Ap-
parat ist sehr umfangreich. Das Spiel entwickelt sich im
Bühnenraum, nicht in der Sprache. Diese zweite Form der
Kompensation von Wort und Bild erweist sich als sehr viel
bühnenwirksamer als die erste, weil sie das Material der
Bühne zur Geltung bringt (1). An den frühen Stücken von
Frisch wurde dagegen besonders kritisiert (2), daß der
Sprache zuviel zugemutet wird, während die Bühne unge-
nutzt bleibt.

In Frischs letztem Stück "Biografie" hat die sprachliche Gestaltung wieder Vorrang vor der bildlichen Gestaltung. Bühnenbild und Szene leben allein aus dem Wort.
Statt der Kompensation durch das sinnlich wahrnehmbare
Bild benutzt der Autor in diesem Stück Lichteffekte, um

1) Vgl. E.Stäuble, "Erfahrungen mit dem Material",
   a.a.O. S.104ff.
2) Zur Kritik vgl. H.Bänziger, a.a.O. S.98.

die Bedeutung der Sprache zu heben. Der Wechsel von Ar-
beitslicht, Spiellicht und Neonlicht verändert die Be-
deutung des theatralischen Ortes:
Arbeitslicht = Ort der Theaterprobe
Spiellicht = Ort des Theaterspiels
Neonlicht   = Registration durch das Bewußtsein.

Zusammenfassend läßt sich feststellen, daß der
theatralische Ort des Modells im Spannungsfeld zwischen
Bühne und Zuschauerraum angesiedelt ist. Mit Hilfe einer
Kompensation von Sprache und Bild versucht Max Frisch,
das Bewußtsein des Zuschauers zu wecken und ihn im Widerspiel von Wahrnehmung und Imagination zum Mitdenken
anzuregen.

2. Zeitstruktur

Die Zeitstruktur als Spiel mit dem Bewußtsein.

Die Zeit verwandelt uns nicht. Sie entfaltet uns nur
... Sie wäre damit nur ein Zaubermittel, das unser Wesen auseinanderzieht und sichtbar macht, indem sie das
Leben, das eine Allgegenwart alles Möglichen ist, in
ein Nacheinander zerlegt. (Tb 22)

Bereits im Tagebuch 1946 (1) entwickelt Max Frisch
seinen Zeitbegriff (2). Nicht im chronologischen Ablauf
der Zeit wird das Sein des Menschen offenbar, sondern in
der Allgegenwart seiner Möglichkeiten. Die Wahrheitssuche
des Dichters zielt deshalb nicht auf die Entwicklung des
Menschen in Raum und Zeit, sondern gilt seiner "all-mög-
lichen" Existenz. Max Frisch verzichtet deshalb auf eine
chronologische Zeitstruktur seiner Stücke und versucht,
durch eine Zeitmontage von Vergangenheit, Gegenwart und
Zukunft den Eindruck des zeitlichen "Ineinander" zu erwecken.

---

1) Das Tagebuch hat, entsprechend diesem Zeitbegriff keine Tageseinteilung, sondern ist nach Sinnabschnitten
gegliedert.

2) Mit dem Zeitbegriff bei Max Frisch beschäftigt sich
Georg Gerster in seinem Aufsatz: "Der Dichter und
die Zeit", in: Neue literarische Welt, 10.Okt.1959,
S.9.

Bei dem Versuch, die Allgegenwart des Möglichen
im Modell zu offenbaren, stößt der Dichter jedoch auf
das Gesetz der Wiederholung als einem existentiellen
Grundprinzip seines Dichtens: Wenn er sich auch bemüht,
die Wahrheit in "all-zeitlichen" Visionen oder Träumen
sichtbar zu machen, so kann er doch das Sein des Menschen nicht auf einmal offenbaren, sondern muß sich
wiederholen. Seine Modelle bedeuten nichts anderes
als ein Umkreisen der Wahrheit, das niemals abgeschlossen ist und mit jedem Stück wieder von vorn beginnt.
Dieses existentielle Grundprinzip seines Dichtens
bringt Max Frisch durch die Struktur seiner Stücke zum
Ausdruck. Sie enden dort, wo sie begonnen haben. Die
letzte Szene schließt an die erste an, so daß jedes Modell wie ein großer, sich endlos wiederholender Kreis
konstruiert ist.

Es ergeben sich also aus der Zeitauffassung des
Dichters für die Struktur seiner Stücke zwei Gesetze:
1) die Zeitmontage - das Ineinander von Vergangenheit,
   Gegenwart und Zukunft,
2) die Wiederholung - das Umkreisen der Allgegenwart
   des Möglichen.

a) Die Zeitmontage

Das Ineinander von Vergangenheit, Gegenwart und
Zukunft kann vom Menschen nur im Traum oder als Vision (1), d.h. im irrationalen Bereich erfahren werden,
während er mit seinem Bewußtsein das zeitliche Nacheinander seines Lebens aufnimmt.

---

1) Das Thema der "Vision" wirkt sich, im Gegensatz zum
   "Traum"-Thema (s.Teil a d.Kap.) nicht auf die Struktur der Stücke aus. In seinem Tagebuch beschäftigt
   sich Max Frisch mit der Gestalt des Visionärs oder
   Hellsehers, der die Allgegenwart des Möglichen hinter der Wirklichkeit erblicken kann (Tb 23-24). In
   den Stücken "Santa Cruz" und "Graf Öderland" erscheint diese Gestalt als Nebenfigur.

Unser Bewußtsein als das brechende Prisma, das
unser Leben in ein Nacheinander zerlegt und der
Traum als die andere Linse, die es wieder in
sein Urganzes sammelt. (Tb 22)

Besonders in seinen frühen Dramen kennzeichnet
Max Frisch die Zeitmontage als "Traumspiel"; "Santa
Cruz", "Graf Öderland". Später versucht er, das Ineinander der Zeit wieder in ein Nacheinander aufzulösen,
um es auf diese Weise dem Bewußtsein zugänglich zu
machen: "Die Chinesische Mauer", "Biografie". Beide
Strukturen dienen dazu, das "Jetzt und Hier" der Wahrheit zu offenbaren.
Betrachten wir zunächst das Traumspiel:

a) In "Santa Cruz" sind drei Zeitebenen ineinander verflochten. Während das Vorspiel, der 1., 3. und
5. Akt in der Dramengegenwart, dem 17. Ehejahr des Rittmeisterpaares, spielen, werden im 2. und 4. Akt Erinnerungen an die Zeit vor 17 Jahren und Zukunftsvisionen
wach. Aus ihrem Eheleben im Schloß flüchten Elvira und
der Rittmeister in eine Traumwelt, in der sie das Ineinander der Zeiten als ihr "wahres" Leben erfahren.

Das Leben ist ein großer Traum (I,71) (1),
bekennt der Rittmeister. Während er die Wirklichkeit
als Entfremdung erlebt, erscheint ihm im Traum das "un-
gelebte" Leben und weckt in ihm die Sehnsucht, in die
Allgegenwart seiner Möglichkeiten aufzubrechen. - Auch
Elvira findet nur im Traum zu ihrem eigentlichen Ich.
Der 2. und 4. Akt spiegeln ihre Traumexistenz wieder,
die aus Erinnerung, Gegenwartsbewußtsein und Zukunftsvisionen gemischt ist.

---

1) Frisch stellt sich mit diesem Satz bewußt in die literarische Tradition von Calderon und Hofmannsthal
und setzt ihre Dichtung fort, in der das wirkliche
Leben als "Turmdasein", das wahre aber als "Traum"
gekennzeichnet ist.

Alles das, warum träume ich es immer wieder? Ich
weiß genau, später wirst du mich im Stich lassen ...
Das alles weiß ich, denn ich habe es ja erlebt. Vor
vielen Jahren. Und alles das, es ist vergangen, ...
und dennoch hört es nicht auf, daß ich es erlebe.
Später werde ich einen Rittmeister heiraten, ...:
ich liege in der Kammer unseres Schlosses und er,
der Gute, in diesem Augenblick kommt er herauf,
er schaut auf mein schlafendes Gesicht - in diesem
Augenblick ...! (I,41/42)

"Später", "vor vielen Jahren", "in diesem Augenblick" -
alle Zeitstufen werden für die Träumende zur Allgegen-
wart. Immer wieder betont sie, daß sie alles "weiß".
Das tiefe Wissen um die Wahrheit erscheint ihr im
Traum. Es verbindet sich mit dem Symbol der Insel
"Santa Cruz", (1), einem Ort ohne Raum und Zeit.

   b) "Man hat mich geträumt" (I,390), so lauten die
letzten Worte des Staatsanwaltes in dem Stück "Graf
Öderland". Wieder zeigt Max Frisch das Ineinander
von Vergangenheit, Gegenwart und Zukunft als ein
Traumspiel, in dem die Wahrheit geschaut und erlebt
wird, das aber nicht in die Wirklichkeit hinüberreicht.
In 12 Szenen laufen zwei Handlungen parallel nebenein-
ander her und vermischen sich gegen Ende: das Leben des
Mörders, der den Hausmeister mit der Axt erschlagen hat,
und der Traum des Staatsanwalts, der durch den Mord aus-
gelöst wird. Der Beginn des Traumes ist durch die Szenen-
anweisung gekennzeichnet:

Der Staatsanwalt ... steht reglos, in Gedanken verloren. (I,303)

Sein Aufbruch ist ein "Sich-Verlieren" in den Traum. Gegen Ende des Stückes steht er, "wie zu Anfang" (I,382),
langsam kehrt er ins bewußte Leben zurück. - Die Traum-
ebene (Szenen 1,3,5,7,9,10,12,) ist durch ihre Zeitlo-
sigkeit gekennzeichnet: Alles ist jetzt" (I,347). Die
Erlösung von Raum und Zeit empfindet der Graf als Durch-
bruch zur Wahrheit des Menschen. In der Wirklichkeit
ist er fixiert im Raum seiner Ordnung und in der Ver-
gängnis seines Lebens.

---

1) Vgl. Interpretation I B 2a.

Die Traumspiele erweisen sich als eine "utopische"
Identitätssuche, weil sie die Wirklichkeit des Menschen,
sein Leben in Raum und Zeit, leugnen. Sie führen den
Menschen durch das Erlebnis der "Allgegenwart des Möglichen" außerhalb seiner Selbst und nicht zu ihm selbst,
denn die Verpflichtung der Wahl entfällt im zeitlosen
Raum. Aus diesem Grunde wendet sich Max Frisch sehr
schnell von der Wahrheitssuche im Traumspiel ab und
bedient sich einer Zeitstruktur, in der das Ineinander von Vergangenheit, Gegenwart und Zukunft in ein
Nacheinander zerlegt wird: dem Bewußtseinsspiel.

a) In der "Chinesischen Mauer" geht Max Frisch
davon aus, daß der Mensch sein Dasein zwar als ein
Nacheinander erlebt, im Bewußtsein aber die Erinnerung an Vergangenes und die Ahnung von Zukünftigem
zum Träger seiner Gegenwart macht (1). Über die Wirklichkeit der eigenen Person hinaus leben im Bewußtsein des Menschen längst vergangene Epochen, historische Gestalten und literarische Figuren (2). Die Geschichte bestimmt unser gegenwärtiges Wissen genauso
wie die Zukunftsvisionen der Naturwissenschaftler. Die
Gegenwart erscheint als ein Schnittpunkt von Vergangenheit und Zukunft.

In der "Chinesischen Mauer" unternimmt es der
Autor, das Gegenwartsbewußtsein der Zuschauer in seine zeitlichen Bestandteile aufzugliedern. Das Stück
enthält vier Zeitebenen -

---

1) Vgl. Tb 123 "Die Gegenwart bleibt irgendwie unwirk-
   lich, ein Nichts zwischen Ahnung und Erinnerung,
   welche die eigentlichen Räume unseres Erlebens sind."
2) Auch diese Vorstellung ist bei Hofmannsthal zu finden: vgl. "Manche freilich ...": "Ganz vergessener
   Völker Müdigkeiten kann ich nicht abtun von meinen
   Lidern."

1) Die Epoche des alten chinesischen Reiches zur
   Zeit des Mauerbaus.
2) Die verschiedenen Kulturepochen, denen die historischen Gestalten entstammen:

   Alexander der Große   - griechische Kultur
   Brutus   - römische Kultur
   Cleopatra   - ägyptische Kultur
   Pilatus   - römisch-christliche Kultur
   Philipp II., Columbus - spanische Kultur
   Napoleon   - französische Kultur

3) Die heutige, naturwissenschaftliche Epoche
4) Die zukünftige Welt nach ihrer Vernichtung durch
   die Atombombe.

Diese verschiedenen Zeitalter und Kulturkreise, die die
Bildung des abendländischen Menschen bestimmen, werden
in ihrer Beziehung zur Wahrheitssuche in unser Bewußtsein gerufen. In den 24 Szenen des Stückes erscheinen
sie immer gleichzeitig und verweisen damit in den Bereich der Allgegenwart des Möglichen. Zu allen Zeiten
stehen denen, die die Zeit aufhalten und den Raum begrenzen wollen (Chinesischer Kaiser, Philipp II., Napoleon), die Wahrheitssuchenden gegenüber, die die
Zeit vorantreiben und den Raum erweitern (Alexander
der Große, Brutus, Columbus). In der Gerichtsszene
treffen sie alle zusammen und demonstrieren ihre Haltung gegenüber der Wahrheit: der chinesische Kaiser
will sie zum Verstummen bringen; Pontius Pilatus ist
zu schwach, um ihr zu helfen; der Heutige sieht ihre
Ohnmacht und verkündet ihr Ende in einer Zukunft ohne
Leben. - Durch das Auseinanderfalten des zeitlichen
Ineinanders im Bewußtsein des Menschen gelingt es Max
Frisch, das Umkreisen der Wahrheit deutlich zu machen.

   b) In dem Stück "Biografie" wird die Allgegenwart
des Möglichen als das Gedankenexperiment eines Menschen,
Kürmann, auf die Bühne gestellt. Die durchgängige Zeit-
dimension des Stückes ist die Gleichzeitigkeit, d.h.

jede Szene ist -
a) Vergangenheit - Kürmanns Biografie
b) Gegenwart   - Kürmanns Wiederholung der Biografie
c) Zukunft   - Kürmanns Möglichkeiten einer anderen
                  Biografie
zugleich. Kürmann darf alle Möglichkeiten seines Lebens
auf einmal überblicken und die Zeitstufen gegeneinander
austauschen durch ein Zurückgehen in die Vergangenheit
und ein Vorwärtsgehen in die Zukunft, um auf diese Weise
die Wahrheit seiner Existenz zu ergründen.

b) Die Wiederholung

     Der philosophische Begriff der "Wiederholung" (1)
als einer Existenzbedingung des Menschen wird von Max
Frisch für die Struktur seiner Stücke in zweifacher
Weise ausgewertet:
1) Entweder ist das gesamte Stück wie ein Kreis konstruiert, so daß die letzte Szene an die erste wieder an-
   knüpft;
2) oder es kehren, im Sinne von Leitmotiven, die gleichen Szenen, die gleichen Worte oder die gleiche Musik in gewissen Abständen wieder, so daß das Stück
   in kleine Kreise eingeteilt zu sein scheint, in Sta-
   tionen.

     a) In dem Stück "Santa Cruz" ist die Wiederholung
mit einem Generationswechsel verbunden; es ist -
     das Kind, Viola, die alles von neuem erfährt, die
     alles noch einmal beginnt. (I, 84)
Der Lebenskreis der Eltern wird vom Kind fortgesetzt.
Es wird alle Fehler und Irrtümer wiederholen, da es
das einzige, was es der Wahrheit näher bringen könnte,
die Erfahrung, nicht von den Eltern lernen kann (2).

---

1) Vgl.Kap.I, B 1 b "Der Begriff der Entfremdung aus
   der Sicht des Existentialismus".
2) Vgl. Max Frisch W 29: "Der bekannte Vorwurf, daß die
   Menschen aus der Geschichte nichts lernen, ist in
   dieser Hinsicht so unsinnig wie aufschlußreich ...
   Nur die Erfahrung ändert alles, weil sie nicht ein
   Ergebnis der Geschichte ist, sondern ein Einfall,
   der Geschichte ändern muß, um sich auszudrücken."

b) In "Nun singen sie wieder" sind es die Hinter-
bliebenen des Krieges, die vor den Gräbern der Gefalle-
nen schwören, daß sie alles genau so wieder errichten
werden, wie es war und daß sie, um den Tod ihrer Kame-
raden zu rächen, einen neuen Krieg beginnen werden. Die
Erfahrung der Toten hindert die Lebenden nicht daran, das
Unsinnige zu wiederholen.

c) In der "Chinesischen Mauer" gestaltet Max Frisch
die Absurdität der Wiederholung noch eindringlicher:

> Heißt dies Geschichte, daß der Unverstand unsterb-
> lich wiederkehrt und triumphiert (I 244);

ruft Brutus verzweifelt. Die Geschichte erweist sich
als ein endloser Kreislauf; sie bedeutet nicht Fortschritt sondern Wiederholung. Die letzte Szene des
Spiels ist mit der ersten identisch, die "Farce beginnt von vorn" (I 241). Im Symbol des Maskenreigens
(1) ist das Gesetz der Wiederholung eingefangen. Mit
der Polonaise der Masken beginnt und endet das Stück.

d) Die Parallelität von erster und letzter Szene
formt auch das Stück "Graf Öderland" zu einem großen
Kreis. Der Staatsanwalt steht zu Beginn wie am Ende
reglos in seinem Arbeitszimmer. Die Revolution, die
er in seinem Traum entfacht hat, hat ihn an seinen
Ausgangspunkt zurückgebracht. Er muß die Sinnlosigkeit
seines Aufbruchs erkennen:

> Das Leben ist ein Spuk, langsam begreife ich es.
> Wiederholung, das ist es, und wenn man durch die
> Wände geht, das ist der Fluch, das ist die Gren-
> ze, da hilft keine Axt dagegen. Wiederholung (2)!

e) Schließlich ist auch in "Biedermann und die
Brandstifter" am Ende der Ausgangspunkt wieder erreicht.

> Aber im Herzen die alte,
> wiedererstanden ist unsere Stadt? (II 344)

---

1) Zum Symbol des "Maskenreigens" vgl. Kap.II A 3
   "Personengestaltung"
2) "Graf Öderland" - 1.Fassung, vgl. E.Stäuble,
   a.a.O. S.37.

Biedermann hat nichts dazugelernt und wird in seiner
Unwissenheit den Brandstiftern wieder die Tür öffnen.
Die Geschichte beginnt von vorn.

Die Leitmotivtechnik war als das ständige Wiederholen eines Motivs definiert worden. Um dieses Motiv aus dem Text hervorzuheben und zu einem theatralischen Strukturelement zu machen, bringt es Max Frisch
meistens mit einem musikalischen Thema in Verbindung.
Die Musik symbolisiert die Wiederholung.

a) Das javanische Lied, das die Matrosen auf
"Santa Cruz", der Trauminsel des Rittmeisterpaares,
gesungen haben, durchzieht das ganze Stück. Jedesmal,
wenn die Insel ins Bewußtsein Elviras oder des Rittmeisters tritt, ertönt die Musik als Symbol für die
Allgegenwart der Möglichkeiten, die durch Santa Cruz
verkörpert wird. Ihre Wiederholung weist auf die Identitätssuche als ein ständiges Umkreisen und Neuerfahren
der Wahrheit hin.

b) In dem Stück "Nun singen sie wieder" wird das
musikalische Leitmotiv bereits im Titel zum Ausdruck
gebracht. Jedesmal wenn im Stück Unrecht geschieht,
ertönt der Gesang der Geiseln, der die Unterdrückung
der Wahrheit und die immer neue Verpflichtung, sich gegen diese Unterdrückung aufzulehnen, symbolisiert.

c) In "Andorra" wird die Wiederholung nicht durch
ein musikalisches Motiv zum Ausdruck gebracht, sondern
durch ein sprachliches Motiv, das mit Hilfe von Licht-
effekten hervorgehoben wird. Nach jedem Bild tritt
einer der Andorraner an die Zeugenschranke im Vordergrund der Szene, von einem Scheinwerfer beleuchtet
und dadurch der Bühnengegenwart entrückt (1). Er nimmt

---

1) Vgl. Max Frisch: Notizen zu den Proben von "Andorra",
   II, 356, 357.

Stellung zum Geschehen und bekennt sich, mit Ausnahme
des Paters, nicht schuldig. Der Satz "Ich bin nicht
schuld" kehrt dabei leitmotivartig wieder und offenbart die Schuldlosigkeit der Andorraner als ein Beharren in Vorurteilen.

d) Am eindeutigsten läßt sich die Bedeutung der
Wiederholung als Thema und Strukturgesetz in Frischs
letztem Stück **"Biografie"** nachweisen. Das Stück ist in
größere und kleinere Kreise geteilt; die 1. Szene z.B.
ist nicht nur identisch mit der letzten, sondern wird
insgesamt sechsmal mit geringen Variationen wiederholt.
Die Wiederholung ergreift alle theatralischen Mittel -
Bühnenbild, Gesten, Sprache, Musik. Immer wieder hört
man im Hintergrund Klavieretüden, Takte, die abbrechen
und wiederholt werden: Die Kreise werden immer kleiner.
Kürmann, die Hauptperson des Stückes dreht sich von
Anfang an nur um sich selbst und vermag aus diesem
Kreis nicht auszubrechen. - Die alte Spieluhr ist Symbol seiner Wiederholung:

> Figuren, die immer die gleichen Gesten machen, so-
> bald es klimpert, und immer ist es dieselbe Walze
> (B 9).

c) Durch die Zeitstruktur seiner Modelle: Zeitmontage und Wiederholung, versucht Max Frisch die objektive Sinnlosigkeit des menschlichen Daseins zum
Ausdruck zu bringen. Nur im Traum vermag der Mensch
die "absolute" Wahrheit zu erfahren, doch er ist
nicht in der Lage, sie in seine zeitliche Wirklichkeit zu übertragen. Die Struktur des Modells zeigt
ihn als den ewig Suchenden, der nur dadurch, daß er
die Suche zu seinem Lebensprinzip erhebt und als seine subjektive Wahrheit anerkennt, innerhalb der Wiederholung existieren kann.

3. Personendarstellung

Die Personen als Spielfiguren des Bewußtseins.

Entsprechend der Raum- und Zeitstruktur des Modells sind die Personen, die die Existenzerfahrung des Autors versinnbildlichen, Spielfiguren seines Geistes. Max Frisch, der das Symbol des Schachspiels häufig dazu verwandt hat, die geistig-ästhetische Existenz des Intellektuellen zu verdeutlichen (1), erweist sich durch die Konstruktion seiner Stücke selbst als Schachspieler. Die Bühne ist sein Spielbrett und die Personen seiner Dramen gleichen Spielfiguren. Wie König oder Bauer im Schachspiel verkörpern sie einerseits einen Typ, in dem die Vorstellung des Autors vom Bild des Menschen im 20. Jahrhundert beispielhaft eingefangen ist. Andererseits sind sie Spielobjekte, mit deren Hilfe verschiedene Existenzmöglichkeiten experimentell ausprobiert werden können. - Der anti-illusionistische Charakter der Personendarstellung im Modell wird deutlich: Die Person gewinnt auf der Bühne keine eigene Wirklichkeit, sondern gibt sich immer als Funktionsträger zu erkennen - als Sinnbild einerseits, als Spielobjekt andererseits.

a) Die Person als Sinnbild und Spielobjekt.

Bereits bei der Interpretation der Raumstruktur des Modells war darauf hingewiesen worden, daß Max Frisch die Bühne als einen Rahmen definiert, der alles, was auf ihr gezeigt wird, zum Sinnbild erhebt:

> Was sagt denn ein Rahmen zu uns? Er sagt: Schaue hierher, hier findest du ... was außerhalb der Zufälle und Vergängnisse steht; hier findest du den Sinn, der dauert, nicht die Blumen, die verwelken, sondern das Bild der Blumen oder wie schon gesagt, das Sinnbild. (Tb 65)

---

1) Vgl. Don Juan, Biografie

Frischs Stücke haben das Bild des Menschen zum
Thema. Die wichtigste Funktion seiner Spielfiguren
ist es deshalb, als Träger dieses Menschenbildes erkannt zu werden und damit über sich selbst hinaus
auf den Sinn des Stückes zu verweisen. Ihr symboli-
scher Charakter spiegelt sich in der Namensgebung
wieder; in dem Namen der Hauptgestalten wird der
Sinngehalt eines Stückes vorweggenommen:
Pelegrin, der Vagant aus "Santa Cruz", ist der ewige
Pilger, der alle Möglichkeiten des Menschen erfahren
möchte und sich deshalb nicht an die Wirklichkeit bindet;
Graf Öderland verkörpert den Menschen, der aus dem
"öden" Land der Ordnung aufbricht, um in einem irrationalen Traumreich den "Grafen" spielen zu können;
Biedermann ist der unbewußte Mensch, dessen Biederkeit
zum Kennzeichen für die materielle Entfremdung wird;
Andri schließlich wird durch seinen Namen als der An-
dere, der Fremde, definiert;
Kürmann, die Hauptgestalt des letzten Dramas, ist der
Mann, der "küren" = wählen kann.

Neben diesen eindeutig symbolischen Namen findet
man zur Charakterisierung einer Person vorwiegend Be-
rufs- oder Gattungsbezeichnungen, selten Eigennamen.
Es ist sicher kein Zufall, daß die Frauengestalten
darin eine Ausnahme bilden: Elvira, Elsa, Babette,
Barblin, Antoinette. Sie geben sich durch ihren Namen
als Individuen zu erkennen, deren Funktion oft genug
darin besteht, den entfremdeten Menschen durch Liebe
zu sich selbst zu führen.

Die einzelne Person ist auf einen Sinngehalt re-
duziert und gelangt als abstraktes Wesen nur selten zu
vitaler Bühnenwirklichkeit. Dadurch aber ist sie in Gefahr, wie ein Spruchband (1) zu wirken, das die Existenz-

---

1) Vgl. Siegfried Melchinger, in: Theater der Gegenwart,
   Frankfurt 1956, S. 128.

suche des Autors sentenzartig demonstriert. Der Sinnbildcharakter der Modellperson führt zu einer intellektuellen Typisierung des Menschen; damit aber
scheint das Gegenteil erreicht von dem, was Max Frisch
gestalten möchte: ein fixiertes Menschenbild. (1)

Der Autor versucht, den Sinnbildcharakter der
Modellperson dadurch wieder aufzuheben, daß er sie
als Spielobjekt kenntlich macht. Im Bereich des
Spiels wird die Symbolik der Namen oder Berufsbe-
zeichnungen zu einer Rolle, die Wandlungen zuläßt
und sich als Möglichkeit der Wahrheitssuche, nicht
als Postulat zu erkennen gibt. Indem Max Frisch das
spielerische Wesen des Theaters akzentuiert und für
die Personendarstellung verwendet, findet er zu Spielfiguren, in denen das Prinzip der Suche theatralisch
wirksam wird.

Durch eine Kostümierung, die das Theater als
Theater entlarvt, versucht Max Frisch seine Personen
als Spielobjekte kenntlich zu machen. Bezeichnend
sind die Notizen von den Proben zu "Andorra":

Das Unglaubhafte, beispielsweise ein Schauspieler
in einer Bekleidung, die kein Kostüm ist, versehen
aber mit einer Krone, um den König zu spielen, ist
Theater; alles Weitere, was an königlichem Kostüm
hinzukommt, verweist ihn in den Bezirk peinlicher
Unglaubwürdigkeit ... Die meisten Kostüme nehmen
etwas vorweg, verdecken die Figur durch unser Vorurteil und verschütten das Lebendige, das nur durch
Wort und Geste zu erspielen ist. (II, 356)

_____

1) Der Mangel an Vitalität in der Personengestaltung
bildet den Hauptansatzpunkt der Kritik. Dabei werden besonders die Dramengestalten bei Dürrenmatt
zum Vergleich herangezogen, die durch ihre Vitalität theatralisch überzeugen. Dürrenmatt konzipiert
seine Gestalten in erster Linie als komödiantische
Spielfiguren und erst in zweiter Linie als Sinnträger. Für Frisch gilt das Gegenteil: die Gestalten
sind zunächst Sinnträger, dann Spielfiguren; vgl.
Karl Schmid, E.Stäuble, Wilhelm Jacobs, Siegfried
Melchinger.

Die fragmentarische Verwendung der Kostüme, die an
das erinnert, was über das Bühnenbild im Modell gesagt wurde (1), betont den Spielcharakter der Figuren und läßt ihnen die Möglichkeit einer Entfaltung
im Bewußtseinsfeld der Zuschauer. Die Bedeutung, die
der Autor seiner Person zugeteilt hat, das Sinnbild,
wird als Rolle sichtbar: der Schauspieler trägt die
Krone, um den König zu spielen. Das Feld der Deutungsmöglichkeiten bleibt dadurch offen; die Person ist
nicht allein das Spielobjekt des Autors, sondern
wird durch seine Doppelfunktion von Sinnträger und
Rolle zum Deutungsobjekt des Publikums.

b) <u>Die Person als Maske und Marionette.</u>

Die Analyse der äußeren Darstellungsform hat
ergeben, daß die Person im Modell in zwei Wesenshälften gespalten ist: in Sinnbild und Spielobjekt.
Sie ist keine mit sich selbst identische Person, kein
spielendes Subjekt, sondern Objekt (2). Damit entspricht sie dem Bild des "entfremdeten Menschen",
der durch seine Spaltung, seine Handlungsunfähigkeit und sein Objektdasein gekennzeichnet wurde (3).
Die Spielfigur als Träger des Menschenbildes besitzt
selbst die Merkmale der Entfremdung und erweist sich
dadurch als eine sinngerechte Verkörperung des "entfremdeten Menschen".

Es war zwischen zwei extremen Formen der Entfremdung im Werk von Max Frisch unterschieden worden:
dem Dasein des Intellektuellen und dem des Bürgers.
Dieser Teilung entsprechend findet man in der Personengestaltung zwei verschiedene Darstellungsformen:

---

1) Vgl. "Raumstruktur", Kap.II, A 1.
2) Vgl. Karl Schmid "Versuch über Max Frisch", in:
   Schweizer Annalen 3 (1946/47) S.328 - "Das Drama
   ist seinem Ursprung nach an die in sich selbst
   identische Person gebunden. Es lebt davon, daß
   die Person Subjekt ist. Frischs Menschen aber
   sind zunächst Objekte".
3) Vgl. Kap. I B 1.

die Maske und die Marionette. Während Frisch die Entfremdung des Intellektuellen als ein Spiel mit Masken
kennzeichnet, verkörpert er das Dasein des Bürgers im
Sinnbild der Marionette.

Das Wissen um die Rollenhaftigkeit des menschlichen Daseins, das mit Pirandello (1) ins Drama des 20.
Jahrhunderts eindrang, wird in den Stücken von Max
Frisch durch den Typ des Intellektuellen verkörpert.
Seine Erkenntnis, daß jedes Ich, bewußt oder unbewußt
eine Rolle spielt, in der nur ein Teil seiner Existenzmöglichkeiten verwirklicht ist, weckt in ihm die Angst,
in einer falschen Rolle fixiert zu werden (2) und veranlaßt ihn dazu, seine Rollen maskenspielgleich ständig zu wechseln. Hinter jeder Maske versteckt er seine Unsicherheit und Ohnmacht. Nicht weil er sein
"wahres Gesicht" verdecken möchte, bedarf er der
Maske, sondern weil er an der Existenzmöglichkeit
eines "wahren" Gesichtes zweifelt. Die Maske ist
eine Verkörperung seines Rollenspiels.

In der Personendarstellung der Dramen von Max
Frisch spiegelt sich eine fortschreitende Entwicklung des Rollen- und Maskenbegriffes wieder. Während
in den frühen Stücken das Erwachen zum Rollenbewußtsein als positiver Schritt gewertet wird, weil es
mit einer Demaskierung verbunden ist, die zur Suche
nach der Identität führt, wird die Unentrinnbarkeit
des Rollenspiels von Stück zu Stück stärker hervorgehoben, so daß die Maske schließlich als Lebens-
notwendigkeit erscheint. Diese Entwicklung wird
durch eine zunehmende Aufteilung der Person deutlich.

---

1) Auf die Parallelen zwischen Frisch und Pirandello
   weist Marianne Kesting hin. ("Nachrevolutionäres
   Lehrtheater", in: Panorama des zeitgenössischen
   Theaters, München 1962, S.217-283)
2) Das Thema des Rollendaseins wird von Frisch in den
   Romanen "Stiller" und "Mein Name sei Gantenbein"
   ausführlich behandelt; vgl. E.Stäuble, a.a.O., S.32ff

a) In "Santa Cruz" werden zwei konträre Wesenshälften eines Menschen als zwei verschiedene Rollen
gestaltet: Rittmeister und Pelegrin. Das Dasein scheint
in ein "wirkliches" und ein "wahres" Leben geteilt zu
sein; beide Rollen zusammen ergeben die Wahrheit der
Existenz.

b) In "Graf Öderland" stellt Max Frisch wieder
eine Zweiteilung des Menschen dar: Staatsanwalt und
Graf Öderland. Hier ist das Rollenspiel jedoch diffe-
renzierter. Die beiden Rollen, die in einer realen
Gestalt und einer irrealen Gestalt versinnbildlicht
sind, erweisen sich als unvereinbar. Die irreale Existenz: Graf Öderland - zerstört die reale: den Staatsanwalt, statt sie zu ergänzen. Eine Vielschichtigkeit
des Menschen wird sichtbar, die sich nicht in der Gestaltung von zwei Wesenshälften ausdrücken läßt.

c) Die Vielzahl möglicher Rollen wird von den
Masken in der "Chinesischen Mauer" dargestellt. Der
Diktator erscheint in den Gestalten des chinesischen
Kaisers, Philipp II. von Spanien und Napoleons. Der
Intellektuelle ist durch vier Masken vertreten: dem
Heutigen, Pontius Pilatus, Brutus und Christoph Co-
lumbus. Die Masken tanzen als ewig vorhandene mensch-
liche Seinsmöglichkeiten einen Reigen durch das Stück.

d) Ein ähnlicher Maskenreigen bringt in dem Stück
"Don Juan oder die Liebe zur Geometrie" das Rollendasein des Menschen zum Ausdruck. Nirgends zeigt es
sich so deutlich wie in der Liebe. Die Austauschbar-
keit der Liebespartner, die durch den Tanz der zahl-
losen Larvenpaare verkörpert wird, läßt Don Juan das
Rollenspiel begreifen. Auf der Flucht vor einer einzigen, vielleicht falschen Rolle, verbirgt er sich hinter der Maske des "Don Juan", die ihm einen ständigen
Rollenwechsel vorschreibt.

d) In der Gestalt des Kürmann aus "Biografie"
erreicht das Rollenspiel seinen bisherigen Höhepunkt.
Hier wird die Vielzahl der Möglichkeiten nicht durch
eine entsprechende Vielzahl von Gestalten dargestellt,
sondern durch Wiederholung. Kürmann erhält die Möglichkeit, die verschiedenen Rollen seiner Existenz nacheinander durchzuprobieren, um sich die beste heraussuchen
zu können.

Die Demaskierung des entfremdeten Intellektuellen
erweist sich als eine schrittweise Erweiterung des Rollenbewußtseins. Über die Gestaltung des zweigeteilten
Menschen gelangt Max Frisch zur Darstellung einer un-
zählbaren Vielschichtigkeit, die sich in den Variationen ewig wiederholter Handlungen ausdrückt.

Die Marionette ist als das Gegenteil der Maske
konzipiert: sie ist unwandelbar, aus starrem Material
angefertigt und hängt an Fäden, die ihre Bewegungen von
außen steuern. Als Sinnbild einer extremen Fixierung
wird sie von Max Frisch zur Verkörperung des entfremdeten Bürgers verwendet.

Bereits im Tagebuch setzt sich Max Frisch mit dem
Wesen der Marionette auseinander (1) und definiert sie
als eine Spielfigur, die zwar ihr Aussehen niemals ändert, aber doch verschiedene Rollen mühelos spielen
kann. Die Art, wie ein Außenstehender ihre Fäden lenkt,
bestimmt ihre Bühnenwirklichkeit. Mit dieser Definition
erhebt Max Frisch die Marionette zum Sinnbild der Determination (2) und überträgt in seinen Stücken dieses

---

1) Tb 12 ff - Marion und die Marionetten
   Tb 153ff - Über Marionetten

2) Auf die lange Tradition des Marionettensymbols soll
   hier nur kurz hingewiesen werden. (Näh.vgl.R.Majut:
   Lebensbühne und Marionette, Berlin 1931; S.132ff)
   Frischs Verwendung des Marionettensymbols erinnert
   an Büchner. Büchner sieht den Menschen als Tier (vgl.
   Woyzeck), als Puppe (vgl.Dantons Tod) oder als Automa-
   ten (vgl.Leonce und Lena). Er gestaltet seine Determination als eine Abhängigkeit von den eigenen Trieben,
   den Automatismen der Umwelt und dem über ihm waltenden
   Schicksal. Im letzteren unterscheidet er sich von Max
   Frisch, der das Schicksal in den Menschen selbst verlegt und höhere Gewalten verneint (vgl.Biedermann).

Bild auf den entfremdeten Menschen. Der seiner selbst
nicht bewußte Mensch, der Bürger, hängt wie an Fäden
am gesellschaftlichen Automatismus seiner Umwelt (1).
Einer eigenen Sinngebung unfähig folgt er bereitwillig jeder Ideologie. Wie eine Marionette kann er viel-
seitig verwendet werden, da er sich in jeder Rolle
einfügt, die ein Außenstehender ihm auferlegt. Er ist
die "Jedermann"- oder "Jemand"-Gestalt, die als Namen-
und Gesichtsloser in Frischs Stücken erscheint. Im Gegensatz zur Maske, die ein Rollendasein verkörpert, ist
die Marionette das Sinnbild der Bildnisexistenz. Der
Bürger, der sich selbst vollständig mit seinem Eigentum
identifiziert, stellt sich immer in den "Rahmen", der
seinen Besitz garantiert; d.h. er paßt sich dem herr-
schenden Weltbild an, indem er es zu seinem Bildnis
erhebt.

a) Eine solche marionettenartige Jedermann-Gestalt
stellt Max Frisch mit Biedermann auf die Bühne. Seine
gesellschaftliche Determination wird in der Sprache offenbart: Biedermann hat keine eigene Sprache, sondern
greift zu den Schlagworten, die sein Weltbild ihm vorschreibt. In seiner Bemühung, sich dem Bildnis anzupas-
sen, lebt er nicht von innen heraus, sondern läßt sich
von außen führen. Dem Partner zeigt er immer das Gesicht,
das jener ihm als Spiegel vorhält und begibt sich damit
in seine Abhängigkeit.

b) Das gilt auch für die Andorraner, die Max Frisch
bereits in seinen Tagebuchskizzen mit dem Marionetten-
symbol in Verbindung bringt. Der Puppenspieler Marion
ist Andorraner und gestaltet in den Puppen das Spiegelbild seiner Landsleute:

---

1) Vgl. Hans Mayer, a.a.O. S.45. Mayer deutet Frischs
   Menschenbild als die Entfremdung durch "extremen
   gesellschaftlichen Automatismus im Zeitalter der
   Reproduktion."

Die Menschen, die Marion sah, bewegten sich nicht
mehr von innen heraus, ... sondern ihre Gebärden
hingen an Fäden, ihr ganzes Verhalten, und alle
bewegten sich nach dem Zufall, wer an diese Fäden
rührte ... (Tb 17)

An den Fäden ihres Nationalismus bewegen sich die Andorraner des Stückes. Daß ein Zufall diese Fäden durch-
einanderbringen kann, zeigt sich bei der Eroberung des
Landes durch die Schwarzen. Um sich selbst zu erhalten,
überlassen die Andorraner bereitwillig den Eroberern
die Fäden ihrer Existenz - sie werden "schwarz" (II
209). Ihr Marionettenspiel versinnbildlicht Max Frisch
in der Judenschauszene; unter den schwarzen Tüchern
gleichen alle Andorraner dem gesichtslosen "Jemand".

Indem Max Frisch seine Spielfiguren als Masken
und Marionetten gestaltet, kennzeichnet er sie als
sich selbst entfremdete Objekte:
Die Maske erscheint als das Objekt der eigenen, inneren
Welt. Durch eine Flucht aus der materiellen Existenz
versucht sie die Fäden zu zerreißen, die sie an die
Wirklichkeit binden. Sie ist die revoltierende Spielfigur.
Die Marionette dagegen wird als Objekt der äußeren Welt
dargestellt. In sich selbst ruhend, weiß sie nicht, daß
sie an Fäden hängt; sie verkörpert eine selbstzufriede-
ne Spielfigur.

Das Spiel der Masken und Marionetten zeigt, daß
der Mensch nicht in der Lage ist, dem Rollendasein zu
entkommen oder die Fäden zur Umwelt abzureißen. Allein
in der Liebe vermag er seine Begrenzung anzuerkennen
und sich als Maske und Marionette zugleich zu entwerfen, um dadurch zum "Subjekt" zu werden: Die Liebe ist
einerseits im Rollenbewußtsein begründet; sie läßt dem
Partner das wandelbare Spiel mit den Möglichkeiten, indem sie ihn nicht in ein Bildnis sperrt. Andererseits

beruht sie auf einer marionettenhaften Abhängigkeit
der Partner voneinander. Einer ist mit den Fäden des
anderen verknüpft und erfährt in dieser Begrenzung
eine subjektive Sinngebung des Daseins als Verantwortung gegenüber dem anderen.

Die Identitätssuche des Autors entsteht im Spannungsfeld zwischen der Sinnbildhaftigkeit und der Spiel-
funktion seiner Figuren. Als Sinnträger verkörpern Maske und Marionette das Bild des "entfremdeten Menschen"
und erscheinen als Objekte der inneren und äußeren
Welt. Im Spiel mit den Figuren weist der Dichter jedoch
einen Weg, wie aus den Objekten: Maske und Marionette -
durch ein gegenseitiges soziales Bezugnehmen aufeinan-
der verantwortliche Subjekte werden können.

Abschließend muß jedoch festgestellt werden, daß
Frischs Glaube an die Möglichkeit einer subjektiven
Sinngebung durch die Liebe mit fortschreitendem Rol-
len- und Grenzenbewußtsein immer schwächer wird. Das
Thema Liebe und Ehe, das den frühen Stücken eine po-
sitive Wendung gab (Nun singen sie wieder; Als der
Krieg zu Ende war; Die Chinesische Mauer; Santa Cruz;
Don Juan oder die Liebe zur Geometrie; Die große Wut
des Philipp Hotz), ist in den späten Stücken (Biedermann und die Brandstifter, Andorra) kaum noch vorhanden oder wird negativ gestaltet (Biografie). Die Masken und Marionetten dominieren in einer Isolation der
Entfremdung.

B. Die "Theaterprobe" als Ausdruck der Vieldeutigkeit
   der Welt.

Die Form des Modells offenbart in der Spannung
von Sinnbildhaftigkeit und Spielcharakter eine Vieldeutigkeit, die in der offenen Weltanschauung des
Dichters begründet ist. Einerseits deutet Max Frisch
die Welt auf Grund seiner subjektiven Existenzerfahrung, andererseits aber zweifelt er an dieser subjek-

tiven Weltsicht und sucht nach anderen, objektiven
Deutungsmöglichkeiten. Während die von Brecht ent-
wickelte Parabelform (1) des modernen Theaters auf
der Eindeutigkeit eines Weltbildes beruht und in
Hinblick auf einen Sinn konzipiert ist (2), gestaltet Max Frisch mit seiner Modellform - unter Verwendung ähnlicher, dramaturgischer Methoden - eine
Umkehrung der Parabel (3). Die Vieldeutigkeit seines Weltbildes hindert ihn daran, sein Stück zu
einer Lösung zu führen. Das Modell läuft nicht auf
einen Sinn hinaus, sondern auf eine Frage. Im Bewußtsein der Relativität jeder menschlichen Antwort
sieht der Dichter den einzigen Sinn eines Theater-
stückes darin, die Unmöglichkeit einer objektiven
Sinngebung zu offenbaren, denn die einzige Haltung,
die das existentialistische Weltbild, nach Meinung
des Dichters, erlaubt, ist die Frage:

> Die Haltung der meisten Zeitgenossen aber, glaube
> ich, ist die Frage, und ihre Form, solange eine
> ganze Antwort fehlt, kann nur vorläufig sein; für
> sie ist vielleicht das einzige Gesicht, das sich
> mit Anstand tragen läßt, wirklich das Fragment.
> (Tb 122)

Das Modell öffnet die Perspektiven, indem es Fragen
stellt; die Parabel dagegen führt alle Perspektiven
auf einen meist außerhalb des Stückes liegenden Punkt

---

1) Zur Parabelform bei Bert Brecht vgl. Kap.III.

2) Vgl.Hans Kaufmann: Geschichtsdrama und Parabelstück, Berlin 1962, S.160 - "Das Brecht'sche Parabelstück ist nicht von der Handlung her, ...
   sondern von der Maxime oder Sentenz organisiert."

3) Im Bereich der Prosaparabel wird die Umkehrung der
   alten geschlossenen Parabelform von Kafka vollzogen. Kafkas Parabeln erweisen die Sinnlosigkeit
   jeder absoluten Sinngebung. Vgl. Norbert Miller:
   Moderne Parabel, in:Akzente 6 (1959) S.200ff. Die
   Entwicklung zur Umkehrung der Parabelform deutet
   sich bereits bei Brecht selbst an. In seinen späteren Stücken verzichtet er auf einen eindeutigen
   Schluß und bekennt, daß er einen sinnvollen Deutung nicht fähig ist. In "Der gute Mensch von Sezuan" z.B. steht am Ende eine Aufforderung an die
   Zuschauer, selbst eine Antwort auf das Stück zu
   geben, weil der Autor keine eindeutige Lösung vor-
   zuschlagen vermag.

zusammen (1). Modell und Parabel unterscheiden sich
durch ihre gegenläufige Bewegung, wobei die Parabel
als eine sich schließende Form, das Modell dagegen
als offen und fragmentarisch anzusehen ist (2).

Da Frisch das Fragment als die einzige Form ansieht, die die fragende Lebenshaltung des 20. Jahrhunderts wiederzugeben vermag (3), bemüht er sich, in
seinen Werken das skizzenhafte Element hervorzuheben.
Während das in der Prosa ohne weiteres gelingt, - man
vergleiche Frischs Vorliebe für Tagebücher und Prosaskizzen (4) - ergeben sich beim Drama Schwierigkeiten.
Das Modell entsteht in drei Arbeitsstufen:

1) als Bühnentext, dem Entwurf des Autors, der die
   Möglichkeiten eines Stückes bereithält;

2) in den Theaterproben, die eine Zusammenarbeit
   von Text und Bühnenmaterial darstellen und die
   Möglichkeiten des Textes zu verwirklichen bemüht
   sind;

3) in der endgültigen Aufführung, in der sich schließlich Text und Spiel zu einer festen Einheit zusam-
   menfinden.

---

1) Max Frisch unterscheidet nicht bewußt zwischen den
   Begriffen Parabel und Modell, sondern verwendet beide gleichwertig (vgl.Iv) im Sinne der hier angeführ-
   ten "offenen" Modellform.

2) Zu einer ähnlichen Unterscheidung kommt Helmut Krapp,
   a.a.O. S.283: "Die Parabel verdichtet tatsächliche
   Geschehnisse auf ihre beispielhaften Züge, das Modell
   entwirft eine soziologische Konstellation, die sich zur
   Wirklichkeit erweitern läßt."Vgl.H.Karasek,a.a.O.S.81.

3) Max Frisch weist in seinem Tagebuch darauf hin, daß das
   20.Jahrhundert diese Vorliebe fürs Fragment mit der Romantik gemeinsam hat. (Tb 117ff) Tatsächlich enthält
   sein Werk, besonders die frühe Prosa und das Stück "Santa Cruz", viele romantische Züge, wie z.B.das Doppelgän-
   germotiv, das bei Frisch als Personenspaltung erscheint.

4) Die Tagebuchform ist charakteristisch für Frischs Prosa:
   a)Blätter aus dem Brotsack. Tagebuch eines Kanoniers
   1939; b)Tagebuch mit Marion 1947; c)Tagebuch 1946-1949;
   d)Aufzeichnungen des Anatol Ludwig Stiller (1.Teil des
   Romans); vgl.Karl Krolow: Max Frischs Tagebuch, Dichten und Trachten XIII, (1959) S.64f.

Diese Entwicklung führt eindeutig zu einem Endpunkt.
Das fertige Modell, das als Fragment verstanden werden sollte, hat aufgehört, Fragment zu sein. Nur in
der ersten und zweiten Arbeitsstufe tritt der vom
Autor erstrebte skizzenhafte Charakter in Erscheinung. Aus diesem Grunde zieht Max Frisch die Theaterproben der fertigen Aufführung vor:

> Die Proben werden immer das Schönste sein ... und
> das Fertige wird stets etwas trostlos sein, unheim-
> lich, alles Fertige hört auf, Behausung unseres
> Geistes zu sein (Tb 332).

Die Arbeit am Modell ist dem Autor wichtiger
als das Modell selbst, weil sie allein das Prinzip
der Suche wiederzugeben vermag. In der Probe läßt
sich das Spiel mit den verschiedenen Möglichkeiten
eines Vorgangs nicht nur im Geist, sondern tatsächlich
durchführen. Die Arbeit mit dem Bühnenmaterial öffnet
ständig neue Perspektiven und reizt den Autor, indem
es seinen Textentwurf durch Gesten widerlegt oder bestätigt, zu neuen Einfällen. Man vergleiche die Skizzen von den Proben zu "Biedermann und die Brandstifter"
und "Andorra", in denen Max Frisch die anregende Wirkung des Probierens beschreibt:

> Einfälle kommen aus dem Material ... Es gibt Visi-
> onäre, aber wenige; die meisten von uns müssen ar-
> beiten, müssen sich von der Anschauung belehren
> lassen, reizen lassen ... (1)

Der Stückeschreiber (2) Max Frisch sieht den modernen
Dramatiker als einen Experimentator, der sich selbst
in seiner Arbeit immer wieder erfährt und aus seinen
Erfahrungen neue Entwürfe ableitet. Keines seiner
Stücke sieht er jemals als vollständig abgeschlossen
an. Die Vielzahl der verschiedenen Fassungen spiegelt
die Suche des Dichters nach immer neuen Deutungs- und
Gestaltungsmöglichkeiten eines Vorganges wieder.

---

1) Anmerkungen von den Proben zu "Biedermann und die
   Brandstifter", a.a.O.

2) In Anlehnung an Brecht bezeichnet sich Frisch selbst
   immer als "Stückeschreiber", um den Werkstattcharakter seines Theaters zu betonen.

1. Die Variationen des Modells

Die Neufassung von Theaterstücken als Ausdruck einer Suche (1)

Der Dichter, der die Relativität jedes Vorgangs zur Grundlage seiner Stücke erhebt und daran zweifelt, daß es Zwangsläufigkeiten in der Kunst gibt (2), versucht mit seiner Arbeit die Vielfalt der Variationsmöglichkeiten zu beweisen. Eine Übersicht über die verschiedenen Bühnenfassungen seiner Stücke zeigt, daß der größere Teil der Modelle in mehreren Variationen gestaltet wurde.

Stück	Prosa-skizze	1.Fass.	2.Fass.	3.Fass.	Anmerkungen und Skizzen
Santa Cruz	-	1946	-	-	"Zum Theater" Tb 63ff
Nun singen sie wieder	-	1945	-	-	"Anmerkungen" I, 394; 3 Entwürfe eines Briefes Tb 142ff
Die Chinesische Mauer	-	1946	1955	-	"Die Chin. Mauer" Tb 124; "Zur Chin. Mauer" Akzente 2 (1955)S.386f
Als der Krieg zu Ende war	Berlin, Nov.1947 Tb 208f	1949	1962	-	"Nachwort z. Ausgabe 1949" I 396
Graf Öderland	Der Graf v.Öderland Tb 73ff	1951	1956	1961	"Zur Inszenierung", Frankfurt 1950
Don Juan oder die Liebe zur Geometrie	-	1953	1961	-	"Nachträgliches zu Don Juan", II, 313

1) Eine Studie über die verschiedenen Fassungen der Stücke wird von Peter Gontrum, University of Oregon, USA, vorbereitet.

2) Vgl. Iv "Noch einmal anfangen können", a.a.O.

Stück	Prosa-skizze	1.Fass.	2.Fass.	3.Fass.	Anmerkungen und Skizzen
Biedermann und die Brandstifter	Burleske Tb 243	1953 (Hsp)	1958	1958 (mit Nsp)	"Anmerkungen zu Biedermann u.d. Brandstifter"; Programmheft d. Züricher Uraufführung, März 1958
Die große Wut des Philipp Hotz	-	1958	-	-	"Anmerkungen" II, 345
Andorra	Der andorranische Jude Tb 35ff	1961	-	-	"Notizen von den Proben", II, 347 "Andorra", D.Weltwoche 24.11.1961
Biografie	-	1968	-	-	"Noch einmal" anfangen können" Die Zeit 22.12.1967 Anmerkungen, B 111

Hsp = Hörspiel
Nsp = Nachspiel

Frischs Arbeit am Modell läßt sich besonders deutlich an Hand der verschiedenen Fassungen des "Graf Öderland" beobachten. Der Einfall des absurden Mordes ist von Frisch in vier Variationen veröffentlicht worden: als Tagebuchskizze, in einer Züricher Uraufführung, einer Frankfurter und einer Berliner Aufführung. Am Beispiel dieses Stückes soll die Suche des Autors nach den verschiedenen Gestaltungsmöglichkeiten eines Einfalls untersucht werden (1).

1) Die Analyse der verschiedenen Fassungen des "Graf Öderland" stützt sich auf eine Untersuchung von H. Karasek, a.a.O. S.46ff.

a) Die verschiedenen Fassungen des "Graf Öderland" (1)

In zwei kurzen Tagebuchnotizen skizziert der Autor
den Einfall, der dem Stück zugrunde liegt:
1) Eines Tages verschwindet aus unerklärlichen Gründen
ein Professor. Da die Suchaktionen vergeblich sind,
wird ein Hellseher zur Hilfe geholt. Im Trancezustand
sieht er den Verschollenen tot im Schilf eines Sees.
Tatsächlich findet man die Leiche im Schilf. (Tb 23f)
2) Der Kassierer einer Bank erschlägt aus unerklärlichen
Gründen in der Nacht seine gesamte Familie. Ein Motiv
für seine Tat ist nicht zu finden. (Tb 70)
Beiden Ereignissen ist die Unerklärlichkeit der Tat, ihre
Absurdität, gemeinsam. Sie ist es, die den Dichter zur
Gestaltung reizt. Aus dem Stoff der beiden Tagebuchnotizen formt er eine Prosaskizze "Der Graf von Öderland".

In der Tagebuchskizze ist der ursprüngliche Einfall
folgendermaßen erweitert und gedeutet: Die Absurdität der
Tat offenbart eine Entfremdung des menschlichen Lebens in
der Zivilisation. Der Mord des Kassierers, der nicht mehr
an der Familie, sondern an dem Hausdiener einer Bank
verübt wird, ist eine unbewußte Revolte des Menschen gegen die Begrenzung durch die Gesellschaft. Ein Staatsanwalt (= der Professor), der mit dem Mordfall betraut ist,
erkennt, daß die Ursache für die absurde Tat in der Entfremdung des Menschen zu suchen ist. Seine Einsicht veranlaßt ihn zu einer Revolte gegen die Gesellschaft. Er
verläßt den Bereich seiner Wirklichkeit und begibt sich
in eine irrationale Welt, die einem "Märchenwald" gleicht.
Dort wird er als Sinnbild des unterdrückten Lebens in der
Zivilisation zu der mythischen Gestalt des "Grafen Öderland", der außerhalb von Raum und Zeit in absoluter Freiheit existiert und mit einem "märchenhaften" Beil alle
Grenzen beseitigt.

---

1) Vgl. Interpretation des Stückes Kap. I B 2a; der
Interpretation lag die 3. Fassung zugrunde.

Die sieben Szenen der Tagebuchskizze sind als
Märchen konzipiert: das Unerklärliche wird im irrationalen Bereich gestaltet. Es entzieht sich menschlicher Wirklichkeit und bricht nur manchmal als Möglichkeit in den Alltag der Zivilisation ein. Frisch
stellt das märchenhafte Lied des Köhlermädchens an
den Anfang und das Ende der Skizze:

> Graf Öderland geht mit der Axt in der Hand!
> Graf Öderland geht um die Welt!

Die Tagebuchskizze bildet die Grundlage für die
verschiedenen Bühnenfassungen. Durch das Spannungsverhältnis von märchenhaften Elementen und Wirklich-
keitsbezügen sind eine Fülle von Variationsmöglichkeiten in ihr angelegt. Die Bühnenstücke spiegeln
den Versuch des Autors wider, zwischen den beiden
Elementen der Skizze ein Gleichgewicht herzustellen
und das eine durch das andere zu begründen.

In der ersten Bühnenfassung wird zunächst das
märchenhafte Element zugunsten eines konkreten Wirk-
lichkeitsbezuges zurückgedrängt. Durch Reklametexte
und Plakate auf dem Zwischenvorhang verstärkt Max
Frisch das Thema der Entfremdung in der heutigen
Zivilisation. Die mythische Gestalt des Grafen Öderland stammt nicht mehr aus dem Märchen, sondern aus
dem Bereich des Traums. Dort erlebt der Mensch die
absolute Befreiung von seiner zeitlichen und räum-
lichen Wirklichkeit. Der Einbruch dieser Traumwelt
in den Alltag der Zivilisation bedeutet eine Ent-
fesselung irrationaler Kräfte; die chaotische Existenz
des Traumes zerstört die menschliche Wirklichkeit.
Graf Öderland wird zum Anführer einer Revolution und
stürzt die Regierung. Dabei wird ihm bewußt, daß er
mit Gewalt die Entfremdung des Menschen nicht aufzuheben vermag. Statt sie zu überwinden, verstärkt er
sie durch seine chaotische Revolte.

So führt die Suche nach absoluter Freiheit den
Staatsanwalt der 1. Fassung zu einer Einsicht in die
menschlichen Grenzen. Er erfährt die Absurdität des
Lebens in der Sinnlosigkeit seines Aufbruchs und begeht
Selbstmord. Aus dem Märchen der Tagebuchskizze ist damit die Revolte und das Scheitern eines einzelnen Menschen geworden. Die erste und letzte Szene spielen im
Arbeitszimmer des Staatsanwaltes, während die Tagebuchskizze in der Köhlerhütte, im "Märchenreich", begann.
Die vom Grafen Öderland entfesselte Revolution jedoch
erfährt bei dieser, auf den einzelnen Menschen bezogenen Gestaltung,keine dramaturgische Begründung und Lösung (1). Das Thema der Macht bleibt als unausgeführte
Möglichkeit im Text zurück.

In der nächsten Fassung wendet sich Max Frisch
vorwiegend dem in der 1. Fassung nur unbefriedigend
gestalteten Motiv der "entfesselten Gewalt" zu und
drängt dafür die Einzelgestalt des Staatsanwaltes und
seine subjektive Erfahrung der Absurdität in den Hintergrund. Der Mythos wird zu einem gesellschaftlichen
Problem. Das Stück beginnt - im Gegensatz zur 1. Fassung - in der Öffentlichkeit eines Gerichtssaales, wo
der Staatsanwalt den absurden Mordfall in einem Plädoyer
darstellt. Graf Öderland ist mehr als in den vorherge-
henden Fassungen Ausdruck einer gesellschaftlichen
Öde und Begrenzung. Er ist durch seine Revolte nur das
auslösende Element allgemeiner, chaotischer Revoluti-
onen. Das Stück wird dadurch zu einer "politischen Mo-
rität", wie der veränderte Untertitel: "Moritat" schon
andeutet, während die 1. Fassung mit dem Titel: "Spiel
in 10 Bildern" die existentielle Suche eines einzelnen
wiedergab. Diese Akzentverschiebung wird vor allem im

---

1) H.Karasek (a.a.0. S.54) weist auf das Mißverhält-
nis von privatem Anfang - politischer Ausweitung -
und privatem Schluß hin. "Für eine Parabel, die
sich in die Politik weitete, ein doch sehr privater
Schluß."

Schluß der 2. Fassung deutlich. Während der Staatsanwalt der 1. Fassung aus Einsicht in die Unüberwindbar-
keit der menschlichen Grenzen Selbstmord beging, verurteilt er in der 2. Fassung jede Gewaltanwendung, weil
sie ins Chaos führt und die Gesellschaft zerstört. Der
Staatsanwalt spricht sich als Träger der Macht selbst
schuldig und stellt sich der von ihm entfesselten Gewalt. Er wird von einem Posten erschossen.

Die Ausweitung ins Politische, die die 2. Fassung
kennzeichnet, läßt sich mit dem existentiellen Aufbruch
des Staatsanwaltes nur schwer in Einklang bringen. Das
Traum-Motiv ist der Gestaltung politischer Wirklichkeit
gewichen, damit aber bleibt das Thema der absurden Tat
ungelöst (1). Schon in seiner Kritik zur 1. Fassung
schreibt Friedrich Dürrenmatt:

> Ich möchte fast sagen, daß alles in diesem Stück,
> was nicht Traum ist, stört (2).

Das Spannungsverhältnis zwischen Märchen und Wirklichkeit, das sich aus dem Einfall der unerklärlichen, irrationalen Tat ergab, wird durch einen zu starken Wirk-
lichkeitsbezug zerstört.

In seiner 3. Fassung kehrt Max Frisch deshalb zu
seinem Ausgangspunkt: der Tagebuchskizze zurück und gestaltet den "Graf Öderland" als ein Spiel zwischen Traum
und Wirklichkeit. Einerseits erscheint der Aufbruch als
ein "unsinniger" Traum des Staatsanwaltes. Andererseits
aber reicht die irreale Welt in die Wirklichkeit hin-
über. Als der Staatsanwalt am Ende des Stückes aus seinem "Traum" in die Realität zurückkehrt, trägt er noch
die Attribute seiner mythischen Existenz: die Schlamm-
stiefel aus der Kanalisation. Diese Mischung der Ebenen
deutet darauf hin, daß das Traumerlebnis die Wirklichkeit des Staatsanwaltes beeinflußt: er erkennt die Un-
sinnigkeit der Gewalt.

---

1) Vgl. Karasek, a.a.O. S.55: "Dieser Schluß eines hoch-
   politischen Heldendramas von Hybris, Einsicht und
   Selbstverurteilung hat sowohl die Parabel wie die
   privaten Anfänge der motivlosen Tat vergessen."

2) Dürrenmatt über Graf Öderland, in: H.Bänziger, a.a.O.
   S.255.

In der 3. Fassung versucht der Dichter, das Unerklärliche, das der Ausgangspunkt für den "Graf Öderland" war, in seiner Unerklärlichkeit zu belassen und
es nicht einseitig durch existentielle oder gesellschaftliche Erscheinungen zu begründen. Es bleibt am
Ende offen und der Deutung des Zuschauers überlassen,
ob die Öderland-Existenz Traum oder Wirklichkeit war.
Der Dichter gibt keine Lösung wie in der 1. und 2.
Fassung, wo Selbstmord und Mord des Staatsanwaltes das
Spiel eindeutig in die Wirklichkeit verlegten. Die erstrebte Offenheit des Modells wird nur in der letzten
Fassung erreicht. Die verschiedenen Deutungsversuche
des Dichters haben ihn an seinen Ausgangspunkt zurückgeführt: die skizzenhafte Andeutung der Themenkreise.

Am Beispiel der verschiedenen Fassungen des "Graf
Öderland" wird deutlich, wie der Dichter den unterschiedlichen Möglichkeiten eines Einfalls nachgeht und nach
einer Gestaltung sucht, die die anderen Variationen
nicht ausschließt, sondern sie, im Gegenteil durch Andeutungen offenbart. Ein Modell, das die Möglichkeiten
aller anderen denkbaren Fassungen mit einschließt und
dem Zuschauer zur Deutung übergibt, vermag die Vieldeutigkeit und Relativität jedes Vorgangs am besten auszudrücken und führt damit zu dem vom Dichter erstrebten
offenen Bewußtseinsspiel zwischen Bühne und Publikum.

2. Die Dramaturgie der Variationen

Die Entwicklung der Dramenform als Ausdruck einer
Suche.

Bei der Entwicklung seiner offenen Modellform
macht Max Frisch die Erfahrung, daß er mit der her-
kömmlichen "Dramaturgie der Fügung" (1), die auf der

---

1) Frisch: Schillerpreis-Rede (R 90ff)

Zwangsläufigkeit jeder Fabel basiert und das Zufällige
als dramaturgischen Mangel erscheinen läßt, die ange-
strebte offene Form nur annähernd, niemals aber vollkommen verwirklichen kann. Allein in den Theaterproben
und durch die ständige Überarbeitung und Umformung der
Texte wird der fragmentarische Charakter seiner Existenzsuche offenbar.

Auf Grund dieser Erfahrung sucht Max Frisch nach
einer neuen Dramaturgie, die die Variationsmöglichkeiten
der Theaterprobe und der Neufassungen einschließt. In
seiner Schillerpreis-Rede 1965 (R 90ff) spricht er zum
ersten Mal von einem "Unbehagen am Theater" in seiner
augenblicklichen Form und entwickelt die Theorie, daß
das Ereignishafte des Theaters nur durch eine Dramaturgie wiedergewonnen werden kann, die das Zufällige
des Lebens zum Ausdruck bringt:

> Es bleibt nur die Suche nach einer Dramaturgie,
> die eben die Zufälligkeit akzentuiert, wenn Sie
> so wollen: eine Dramaturgie des Unglaubens, eine
> Dramaturgie der Permutation (R 99).

Der an einer objektiven Sinngebung des Lebens zweifeln-
de Dichter möchte in seinem Zweifel erkannt werden. Sein
Modell soll nicht nur "Suche" darstellen, sondern "Suche"
sein und durch die Form das fragmentarische Weltbild des
20. Jahrhunderts widerspiegeln.

In dem Stück "Biografie" verwirklicht Max Frisch
zum ersten Mal seine neue "Dramaturgie der Variationen".
Sie stellt eine konsequente Ausformung der subjektiven
Existenzerfahrung des Dichters dar und erweist sich dadurch als eine Anti-Dramaturgie. In die Stelle einer
normativen Ästhetik tritt das Bekenntnis zu absoluter
Subjektivität. Jedes formale Element erweist sich als
ein "zufälliger" Entwurf, der andere Varianten, deren
Anzahl allein durch den Erfahrungsbereich des dichten-
den Subjekts begrenzt ist, zuläßt:

Erlaubt ist, was gelingt. Aber es gelingt nur, was
ich nachvollziehen kann, was mir selbst noch glaubhaft ist. Alles andere fällt aus, indem es einfach
nicht gelingt. Was mir selbst noch glaubhaft wird,
so daß ich's darstellen kann - in dieser Limitierung
entlarvt sich die Selbsterfahrung (Iv).

Die "Dramaturgie der Variationen" als Ausformung der
Existenzerfahrung des Dichters Max Frisch gilt in
ihrer Relativität nur für dieses Subjekt. Ob sie den
Erfahrungsbereich des Publikums zu erweitern vermag,
wird sich erst in der Folge zeigen. Bisher liegt nur
eine Ausformung der neuen Dramentheorie in dem Stück
"Biografie" vor. Am Beispiel dieses "offenen Modells"
soll die "Dramaturgie der Variationen" genau untersucht
werden.

a) Biografie. Ein Spiel (1)

Die beiden Elemente, die zur Ausformung der "Dramaturgie der Variationen" geführt haben, sind:

1) die Erfahrung des Dichters, daß das offene Spiel
mit den Möglichkeiten nur in der Theaterprobe
voll verwirklicht werden kann, weil -
Varianten eines Vorganges mehr offenbaren, als
der Vorgang in seiner endgültigen Form (Iv);

2) die Einsicht, daß jede Textfassung nicht mehr als
ein "zufälliger" Entwurf ist, der erst im Spiel
seine Möglichkeiten offenbart und ständiger Umar-
beitungen bedarf.

Das Stück "Biografie" stellt eine Ausformung dieser
Erfahrungen dar. Einerseits ist es als Theaterprobe
fingiert; andererseits entwickelt es ständig neue Fassungen der Biografie seiner Helden.

Beim Eintritt ins Theater blickt der Zuschauer
auf die leere Bühne, auf der vor seinen Augen die Requisiten für die erste Szene zurechtgestellt werden.
Von Anfang an soll er den Eindruck gewinnen, daß er
einer Theaterprobe beiwohnt.

Das Stück spielt auf der Bühne. Der Zuschauer sollte
nicht darüber getäuscht werden, daß er eine Örtlich-
keit sieht, die mit sich selbst identisch ist: die
Bühne (B 111).

---

1) Zur Interpretation des Stückes vgl.Kap.I B 2 d

Das Theater entfaltet vor dem Zuschauer seine technischen und künstlerischen Mittel und lädt ihn dazu ein,
einen Blick in seine Werkstatt zu werfen. Während des
Stückes erscheinen Bühnenarbeiter auf der Szene, um
Möbel umzustellen oder neue Requisiten zu bringen. Die
normale Arbeitsbeleuchtung, die bei Theaterproben verwendet wird, wechselt mit einem Spiellicht, das die
einzelne Szene durch intensive Beleuchtung hervorhebt
und einem Neonlicht, das zum Regiepult gehört.

Regisseur ist der Registrator, eine objektivierte
Verkörperung von Kürmanns Bewußtsein. An Hand eines Dos-
siers, das die biographischen Angaben zu dem Leben des
Helden enthält, leitet er die Probe. Sie stellt eine
Überprüfung und Neugestaltung des Textentwurfes dar.
Der Registrator bestimmt die Szenenfolge, läßt Abschnit-
te, die ihm schlecht gespielt erscheinen, mehrfach wiederholen oder geht auf die Wünsche seiner Schauspieler
ein, die eine oder andere Szene noch einmal zu proben.
Er greift ins Spiel ein, weist auf Fehler hin und macht
selbst die Gesten und Bewegungen vor, die ihm richtig
erscheinen.

Der Zuschauer erlebt Theaterarbeit bei den Proben.
Ihm wird vorgeführt, wie ein Modell entsteht und welche
Faktoren zu seiner Gestaltung beitragen: Textentwurf,
Arbeit des Regisseurs mit den Schauspielern, Verwendung
des Bühnenmaterials. Die Fertigstellung des Modells, die
Aufführung, erlebt er nicht. Ihm wird vielmehr deutlich
vor Augen geführt, daß jede Aufführung nur einen will-
kürlichen Abbruch der Probenarbeit darstellen kann. Jede Szene läßt selbst nach intensiver Arbeit von Regisseur und Schauspielern noch andere Varianten zu, Varianten, die vielleicht die Kapazität des Schauspielers
überschreiten und deshalb nicht mehr geprobt werden
können. Als Möglichkeiten bleiben sie dennoch vorhanden:

Keine Szene nämlich paßt ihm (= Kürmann) so, daß sie
nicht auch anders sein könnte. Nur er kann nicht anders sein. (B 111)

Die Probenarbeit am Stück "Biografie" führt an die Grenzen des Akteurs Kürmann, der als Schauspieler seines eigenen Lebens auftritt. Ihm gelingt keine wesentliche
Veränderung des Textentwurfes und in diesem Mangel an
Varianten offenbart sich seine subjektive Begrenzung.

Das Stück reflektiert die Zufälligkeit jeder Biografie, indem es sie wie einen Textentwurf behandelt,
der in der Probenarbeit neue Variationsmöglichkeiten
offenbart. Kürmann will die Zufälligkeit seiner Biografie auf die Probe stellen und versucht, durch Neufassungen einen Entwurf zu erarbeiten, der sein Leben als
zwangsläufige Verwirklichung seiner Selbst darstellt. Er
möchte den Zufall, der ihn in eine siebenjährige un-
glückliche Ehe geführt hat, ausschalten und sein Leben
in einer ihm entsprechenden Form gestalten. Das Ergebnis seines Experimentes widerlegt ihn. Trotz wiederholter Neufassungen der wesentlichsten Szenen gelingt
es ihm nicht, eine endgültige Fassung zu erarbeiten.
Jede Fassung bleibt ein zufälliger Entwurf, der andere
Möglichkeiten nicht ausschließt.

Die Auflösung des Modells in eine Vielzahl von
Modellentwürfen ist die konsequente Übertragung der
Kunsttheorie des Dichters. "Biografie" ist kein The-
aterstück, sondern eine in Szene gesetzte Reflektion
des Autors über die Möglichkeiten eines offenen Modelltheaters. Die einzelnen Elemente des Modells: Raumstruktur, Zeitstruktur und Personengestaltung - werden kritisch überprüft und nach ihrem Aussagewert befragt.
Das Stück endet nicht nur in einer Frage, wie die vorher-
gehenden Modelle des Autors; es ist die Gestaltung des
Fragens, die bis zum Verwerfen jedes noch so kleinen
Entwurfes führt und eine Auflösung der Modellform zur
Folge hat. Das Theater selbst als Begegnung von Autor
und Publikum wird in Frage gestellt, und es bleibt abzu-
warten, welche Möglichkeiten Max Frisch nach dieser

grundsätzlichen Überprüfung des Theaters dem Drama in
der heutigen Zeit noch einräumt.

C. Das "Überspielen der Rampe" als Aufforderung zum Mitdeuten der Welt.

Die Erkenntnis des Dichters, daß jede Deutung
relativ ist und nur für das deutende Subjekt Gültigkeit besitzt, führt ihn zu der Überzeugung, daß eine
Weltsicht nicht vermittelt werden kann, sondern vom
einzelnen als ihm eigenes Bezugssystem geschaffen
werden muß. Die Aufgabe des Dichters kann deshalb
nicht darin bestehen, seine Deutung mitzuteilen,
sondern er muß sich bemühen, den Zuschauer zu einer
eigenen Deutung anzuregen. Aus dieser Einsicht resul-
tiert die Form des offenen Modells als einem bewußten
Einbeziehen des Zuschauers in das Bühnengeschehen. Das
Publikum ist nicht Betrachter, sondern Spielpartner
beim existentiellen Bewußtseinsspiel. Es ergänzt die
Wahrheitssuche des Autors durch das eigene Bewußtsein
und überträgt die vom Dichter gestaltete Frage auf
seine Wirklichkeit.

Um den Zuschauer seine Rolle als Partner bewußt
zu machen, überspielt Max Frisch die Bühnenrampe und
bemüht sich, durch eine direkte Ansprache des Publikums
einen Kontakt zwischen Szene und Zuschauerraum herzustellen. Wenn auch dieser "Aufruf über die Rampe"(1)
die Sinnbildhaftigkeit der Bühne beeinträchtigt, indem er sie als "Rahmen" zerstört und damit einer Selbstaufgabe der Dichtung gleichkommt, so ist es doch die
letzte Möglichkeit, die dem Theater bleibt, wenn es
eine Wirkung erzielen möchte.

---

1) Frisch bezieht sich bei der Technik des "Überspie-
   lens der Rampe" in erster Linie auf Thornton Wilder
   und entwickelt seine Theorie an Hand des Stückes
   "Our Town"; vgl. Tb 69ff.

Der Aufruf über die Rampe: die Selbstaufgabe der
Dichtung, die ihre Ohnmacht zeigt, hat etwas von
einem letzten Alarm, der ihr möglich ist (Tb 69).

Die theatralischen Mittel, die Max Frisch anwendet, um das "Überspielen der Rampe" zu gestalten, sind -
1) die Einführung von Vermittlerfiguren, die als Spielleiter auftreten und eben jenes geistige Spannungsfeld zwischen Bühne und Zuschauerraum markieren,
2) die direkte Publikumsanrede durch die Schauspieler,
   die damit zeitweise die Vermittlerrolle übernehmen
   und ebenfalls darauf hinweisen, daß das Publikum am
   Spiel beteiligt ist.
Beide Strukturmittel dienen dazu, die Kommunikation von
Autor und Publikum im offenen Modell durch eine direkte
Aufforderung zur Mitarbeit deutlich zu machen.

1. Die Gestalt des Spielleiters.

Die Vermittlung zwischen Stück und Publikum.

Der Spielleiter als Vermittlerfigur ist keine
spielende, sondern eine erläuternde Gestalt; er ist
nicht dramatisch, sondern episch (1). Als Vertreter
der Kunsttheorie des Autors reflektiert er die Aufgabe des Dichters in der heutigen Zeit, indem er Kommentare zur Modellstruktur des Stückes gibt. Er führt
den Zuschauer hinter die Kulissen in die Werkstatt des
Autors und weist mit Nachdruck auf die Fragen hin, die
mit dem Stück aufgeworfen werden sollen.

Bereits in seinem ersten Stück "Santa Cruz"
verwendet Max Frisch in der Gestalt des Dichters Pedro eine Spielleiterfigur. Während man hier noch ein
sehr vorsichtiges Einsetzen dieser Kunstfigur feststellen kann, wird in der "Chinesischen Mauer" mit dem Heutigen ein Spielleiter gestaltet, der alle Möglichkeiten

---

1) Zur Gestalt des "epischen Erzählers" im modernen
   Drama vgl. Margret Dietrich: Episches Theater?
   In: Episches Theater, hgg. v.R.Grimm, Köln, 1966,
   Reihe: Neue Wissenschaftliche Bibliothek 15, S.94ff.

des epischen Erzählers im Drama demonstriert. In einem
dritten Stück "Biedermann und die Brandstifter" tritt
ein Chor an die Stelle des Spielleiters und übernimmt
dessen Funktionen. Bezeichnenderweise hatte in der Hör-
spielfassung eine "Verfassergestalt" die Rolle des Chors
inne, in der Fernsehbearbeitung vertrat ein Interviewer
den Spielleiter. - An den Gestalten des Dichters Pedro,
des Heutigen und des Feuerwehrchores soll die Funktion
der Spielleiterfigur im Modell von Max Frisch dargestellt
werden.

a) Der Dichter Pedro in "Santa Cruz".

Der Dichter Pedro tritt nur im 2. und 4. Akt in
Erscheinung, den Teilen des Stückes, die den Traum
der Elvira und des Rittmeisters widerspiegeln (1). Er
gibt sich damit sofort als eine Gestalt zu erkennen, die
in der Allgegenwart des Möglichen zu Hause ist. Im 2.
Akt erzählt er den Matrosen die Geschichte des Rittmeisterpaares und offenbart sich als ein allwissender
Erzähler, der die Fäden der Handlung im Traumbereich
zusammenführt. Während er hier noch als Mitspieler ge-
tarnt ist, der zur Besatzung des Schiffes gehört, wird
die Publikumsfiktion der Matrosen im 4. Akt aufgegeben:
Pedro sitzt im Vordergrund der Bühne und spricht direkt
in den Zuschauerraum hinein.

Folgende Funktionen kennzeichnen ihn als Spielleiterfigur:
Erstens gewährt er Einblick in die Struktur des Stückes,
indem er das zeitliche und räumliche Ineinander des Traumspiels offenbart.
Zweitens kommentiert er das Geschehen und liefert damit
innerhalb des Stückes eine Interpretation. Der Versuch
des Rittmeisterpaares, aus seiner menschlichen Wirklichkeit auszubrechen und in den Bereich der Wahrheit vor-
zustoßen, wird von ihm als "utopisch" entlarvt.

---

1) Vgl. Interpretation des Stückes, Kap. I B 2 a
   und Struktur des Traumspiels, Kap. II A 2 a

Drittens leitet er die Handlung und lenkt die Figuren.
Als der Erzählende bestimmt er die Szenenfolge. Seine
Worte zu Ende des 2. Aktes:

> Wir spielen noch das letzte Bild, heute siebzehn
> Jahre später (I, 68);

kennzeichnen ihn als den Regisseur des Stückes.

Pedro ist Dichter, Spielleiter und Kommentator
zugleich. Er verkörpert den Dichter als Wahrheitssuchenden, der die Allgegenwart des Möglichen auf die
Bühne stellt, um sie seinem Publikum ins Bewußtsein
zu rufen. Auch wenn er weiß, daß ihm niemand glauben
wird, beginnt er seine Erzählung. Seine Ohnmacht wird
durch Fesseln symbolisiert, die die Matrosen ihm ge-
legt haben. Sie versprechen, ihn loszubinden, falls
sich seine Geschichte als wahr erweisen sollte. Pedro
antwortet:

> Bis ihr es seht, was wahr ist? ... Bis ihr es seht,
> ihr, die Blinden! Ihr mit dem unheilbaren Besser-
> wissen eurer Mehrheit, ihr mit dem unverschämten
> Anspruch eurer Öde und Langeweile, ihr Leere, Ihr
> Faß ohne Boden, Ihr Publikum! ... Nie wieder werde
> ich euch erzählen! Nie wieder! (I 36)

Auch wenn sich Pedro der Unbelehrbarkeit seines Publikums bewußt ist (1), so erzählt er "dennoch" die Geschichte des Rittmeisterpaares. Sein "dennoch" stellt
ein Bekenntnis des Dichters dar, der die Wahrheitssuche
trotz des Bewußtseins seiner Ohnmacht für seine Aufgabe
hält. Es kennzeichnet den Dramatiker Max Frisch in seiner "Kombattanten Resignation", die er in der Büchner-
Rede (R 36ff) als die Motivierung jedes Dichtens in unserer Zeit bezeichnet:

> Es ist eine Resignation, aber eine kombattante Resig-
> nation, ..., ein individuelles Engagement an die Wahr-
> haftigkeit, der Versuch, Kunst zu machen, die nicht
> national und nicht international, sondern mehr ist,
> nämlich ein immer wieder zu leistender Bann gegen
> die Abstraktion, gegen die Ideologie und ihren Fron-
> ten; ... sie können nur zersetzt werden durch die
> Arbeit jedes einzelnen an seinem Ort (R 55).

---

1) Zum Thema "Unbelehrbarkeit" vgl. auch Kap. III

Max Frisch gibt der Spielleitergestalt des epischen
Theaters eine neue Wendung. Er benutzt sie als Selbstinterpretation des Dichters und verkündet durch sie seine Kunstauffassung. Noch deutlicher wird die Funktion des
Spielleiters, wenn man die Gestalt des "Heutigen" in
der "Chinesischen Mauer" betrachtet.

b) <u>Der Heutige in der "Chinesischen Mauer"</u>

Mit dem Heutigen verkörpert Max Frisch die Ohnmacht
des Dichters noch eindringlicher, als Pedro sie hatte
darstellen können. Während nämlich Pedro als Spielleiter
und Kommentator stets den Überblick über das Stück be-
hielt und es von außen lenkte, scheitert der Heutige
bei seinem Versuch, die Funktionen eines Spielleiters
auszuführen. Er steht dem Geschehen auf der Bühne hilf-
los gegenüber und wird von seiner Vermittlerrolle langsam in die Stellung eines Spielobjektes gedrängt. Der
Heutige als die scheiternde Spielleiterfigur ist die
konsequente Verkörperung des ohnmächtigen Dichters.

Im Vorspiel tritt der Heutige zunächst noch als
allwissender Spielleiter auf, der mit sachlichen Informationen über die chinesische Mauer in das Thema
des Stückes eingreift und die Spielfiguren vorstellt.
Ausdrücklich weist er auf die Modellstruktur des Stük-
kes hin, indem er Raum-, Zeit- und Personendarstellung
als Bewußtseinsspiel kennzeichnet. Darüber hinaus erläutert er Sinn und Ziel des Stückes.

> Sie werden fragen, meine Damen und Herren, was mit
> alle dem gemeint ist ... Gemeint (Ehrenwort!) ist
> nur die Wahrheit, die es nun einmal liebt, zwei-
> schneidig zu sein. (I, 156)

Damit kennzeichnet der Heutige das nun folgende Spiel
als eine Demonstration der Wahrheitssuche. Er selbst
wird sich an ihr als Intellektueller (1) beteiligen.
Am Ende des Vorspiels verläßt er seine außenstehende
Ansager- und Kommentatorposition und begibt sich

---

1) Vgl. Interpretation Kap. I A 2 c

selbst ins Spiel, um es von innen lenken zu können.
Indem er Diskussionen mit den Spielfiguren anfängt
und ihnen die Bedeutung ihrer Rollen klarzumachen
versucht, bemüht er sich, Einfluß auf sie zu gewinnen und ihr Spiel zu einem guten Ende zu führen.

Während ihm zunächst die Lenkung zu gelingen
scheint: er spricht mit den Masken und warnt sie vor
den Gefahren ihres Spiels, - verliert er zusehends
seine Unabhängigkeit und wird zum Spielobjekt der
Figuren, zum Hofnarr des Kaisers. In dieser Rolle
hat er jeglichen Einfluß auf das Geschehen verloren.
Seine Anweisungen werden nicht mehr ernstgenommen,
das Spiel geht über ihn hinweg. Am Ende bleibt ihm
nur die Einsicht, daß er der Aufgabe des Spielleiters
nicht gewachsen ist. Dennoch hält er es für seine
Pflicht, beim Spiel dabei zu sein und alles zu sagen,
was er weiß, selbst wenn die Spielfiguren ihn als
Narr verlachen. Wieder ist es das "dennoch", das die
Spielleiterfigur selbst in ihrem Scheitern nachträglich rechtfertigt.

Mit dem Heutigen demonstriert Max Frisch eine
stufenweise Auflösung der Spielleiterfigur und spiegelt
damit die Position des dramatischen Dichters in der
heutigen Zeit wider. Er stellt seine Stücke nicht dem
Publikum vor, sondern sucht im Theater einen Diskussi-
onspartner. Eine Vermittlung der Wahrheit kann nicht
durch ihr Verkünden, sondern nur durch eine gemeinsame
Suche zustande kommen, denn der Dichter hat den Überblick über sein eigenes Werk verloren und ist sich
selbst zum Spielobjekt geworden.

c) <u>Der Feuerwehrchor in "Biedermann und die Brandstifter"</u>

Nach der Auflösung des lenkenden und allwissenden
Spielleiters in der "Chinesischen Mauer" verschwindet

diese Figur konsequenterweise aus den Dramen von Max
Frisch. In den späteren Stücken übernehmen Schauspieler die Vermittlerrolle und stellen den Kontakt zum
Publikum her. In "Biedermann und die Brandstifter"
gelingt dem Autor eine Zwischenlösung. Ein Feuerwehrchor, der im Vordergrund der Szene Stellung bezieht,
erfüllt teilweise die Spielleiterfunktionen, indem er
Kommentare zum Stück liefert und das Publikum auf die
Bedeutung der Handlung hinweist. Seine Position ist die
eines außenstehenden Zeugen und Berichterstatters.
In das Geschehen des Stückes wagt er nur durch vorsichtiges Fragen einzugreifen:

> Fragend nur, höflich
> Noch in Gefahr, die uns schreckt,
> Warnend nur, ach kalten Schweißes gefaßt,
> Naht sich bekanntlich der Chor,
> Ohnmächtig-wachsam, mitbürgerlich
> Bis es zum Löschen zu spät ist,
> Feuerwehrgleich (II, 121)

Die Entwicklung gegenüber den Spielleiterfiguren wird
deutlich. Der Feuerwehrchor spiegelt die Einsicht des
Dichters wider, daß er als ohnmächtig Wissender nur
durch Fragen auf die Wirklichkeit Einfluß nehmen kann.
Zwar bemüht er sich, auf Gefahren aufmerksam zu machen
und zu warnen, doch es ist ihm nicht möglich, die Welt-
brände zu verhindern. - Löschbereit steht der Chor
während des Stückes neben der Szene und überwacht die
Entwicklung, und dennoch kommt es zu dem Brand.

Doch die Bedeutung des Feuerwehrchores liegt nicht
nur in seinem Beitrag zur Selbstinterpretation des Dichters. Stärker als der Heutige und Pedro weist er auf den
Sinnbereich des Stückes hin und stellt das Geschehen in
einen übergeordneten Zusammenhang. Damit erweist er sich
als ein Nachfolger des antiken Chores (1). Durch Reflexi-
onen, die sich bereits durch ihre lyrische Form von dem

---

1) Zur Funktion des Chores im epischen Theater vgl.
   Andrzej Wirth: Über die sterometrische Struktur
   der Brechtschen Stücke; in: Episches Theater,
   a.a.O. S.197ff.

dramatischen Spiel unterscheiden, unterbricht der
Chor in fast regelmäßigen Abständen das Bühnenge-
schehen und stellt damit eine Distanz her, die es
dem Zuschauer erlaubt, die Bedeutung des Spiels in
sein Bewußtsein aufzunehmen. Die Chorstrophen ha-
ben das Bild des "entfremdeten Menschen" zum Thema.
Sie schildern seine Blindheit (II, 111) und seine
Unwissenheit (II, 120), seine Handlungsunfähigkeit
(II, 121) und seine Angst (II, 111). Auf einer vom
Spiel abstrahierten, philosophischen Ebene formulie-
ren sie das Menschenbild, das der Autor in seinem
Stück gestaltet.

Die Wirkung des Chores als eines Interpreten
wird durch die Form seines Vortrages: eine gehobene
Sprache und freie Rhythmen, die die antiken Chorstrophen des Sophokles imitieren, noch erhöht. Der antike
Chor stellte das Geschehen in den übergeordneten Zusammenhang des Schicksals. Der Feuerwehrchor, der das
existentielle Bewußtsein des Dichters vertritt, parodiert, die feierliche Form imitierend, diesen Schicksalsbegriff. Die Unwissenheit des Menschen, seine
Fixierung in der materiellen Existenz,trägt die Schuld
an der Katastrophe, nicht aber das Schicksal. Dennoch
wird der Bürger in seiner moralischen Entscheidungs-
unfähigkeit den Schicksalsbegriff für seine Dummheit
bemühen. So wird durch die Chorparodie der Bürger in
seiner Entfremdung entlarvt.

Indem der Chor seine Funktion als Interpret des
Stückes und als Vertreter der Kunsttheorie des Dichters erfüllt, stellt er sich in die Nachfolge der
Spielleiterfiguren und wird zum direkten Vermittler
zwischen Bühne und Zuschauerraum.

2. Die Form der Publikumsanrede

Das Publikum als Partner des Dichters

In der Publikumsanrede versucht der Autor eine
direkte Kommunikation seiner Spielfiguren mit dem
Publikum herzustellen und dadurch die Beteiligung
des Zuschauers am Geschehen herauszufordern. Die
Figuren verlassen für Augenblicke die Szene und wenden sich, über die Rampe hinweg, mitteilend, fragend
oder bittend,an das Publikum. Sie behandeln es wie
einen Mitspieler, von dem man eine Beurteilung oder
einen Rat erwartet. Besonders in seinen späten Stük-
ken: "Biedermann und die Brandstifter", "Die große
Wut des Philipp Hotz" und "Andorra" verwendet Max
Frisch die Form der Publikumsanrede. An Hand dieser
drei Beispiele soll sie im folgenden untersucht werden.

a) **Die Publikumsanrede in "Biedermann und die Brandstifter".**

Biedermann und Babette erleben auf der Bühne,
wie das Böse in Gestalt der beiden Brandstifter über
sie hereinbricht, ohne daß sie sich dagegen zur Wehr
setzen können. In ihrer Angst wenden sie sich an das
Publikum, um sich durch Mitteilung zu erleichtern.
Sie erklären die Lage und rechtfertigen ihre Hand-
lungsweise. Indem sie den Zuschauer ins Vertrauen
ziehen und an ihrer eigenen Situation beteiligen,
versuchen sie die Verantwortung für ihr Tun auf ihn
zu übertragen.

> Verdacht! Das hatte ich sofort, meine Herren, Ver-
> dacht hat man immer - aber Hand aufs Herz, meine
> Herren: Was hätten Sie denn getan, Hergott nochmal,
> an meiner Stelle? Und wann? (II, 140)

Biedermann, unfähig eine Verantwortung auf sich zu
nehmen, leitet die Frage des Stückes ins Publikum
weiter und trägt das Problem an jeden einzelnen her-
an. Der Zuschauer wird dazu aufgefordert, sich in die
Situation des Biedermann zu versetzen und das Problem
aus eigener Verantwortung zu beurteilen.

- 161 -

b) Die Publikumsanrede in "Die große Wut des Philipp Hotz".

In dem Schwank "Die große Wut des Philipp Hotz"
wird das Publikum nicht nur stellenweise durch Anre-
den ins Geschehen hineingezogen und mit den Problemen
konfrontiert, sondern es wird fortlaufend von Philipp,
dem Protagonisten, über den Stand der Dinge unterrich-
tet. Auf jede Szene folgt eine "Conférence", ein Bericht Philipps über den Verlauf der Handlung mit Er-
läuterungen zur Vorgeschichte und Rechtfertigung des
eigenen Tuns. Die Publikumsanrede bildet damit ein
episches Gegengewicht zum szenischen Spiel. Die Hand-
lungsfäden werden nicht durch das Spiel, sondern in
Philipps Berichten offenbart. Die Szenen dagegen dienen einer Charakterisierung der Personen, die den Bericht des Protagonisten unterstützt oder widerlegt.

Die Form der Publikumsanrede als Bericht oder
Bitte um Beurteilung offenbart noch einmal die Unfähigkeit der Dichtung, Deutungen zu liefern. Die letzte Funktion, die ihr geblieben ist, ist der Hinweis.
Durch Berichte wird der Zuschauer auf die Situation
des Menschen aufmerksam gemacht und zu einer Beurteilung aufgefordert. So dient Philipps "Conférence"
einerseits als Hinweis auf seine eigene Ohnmacht und
Handlungsunfähigkeit und trägt damit zur Interpretation dieser Gestalt bei. Dem Zuschauer wird durch die
Fiktion einer Diskussion von Protagonist und Publikum
die Gelegenheit gegeben, sich selbst ein "Bild" von
Philipp zu machen. Andererseits offenbart sie die
Ohnmacht des Schriftstellers, der auf eine eigene
Deutung verzichtet und vom Zuschauer ein Urteil erwartet.

c) Die Publikumsanrede in "Andorra"

Die Publikumsanrede als Berichterstattung und
Bitte um Beurteilung wird in "Andorra" noch verstärkt

durch ein szenisches Element: die Zeugenschranke im
Vordergrund der Bühne. Die Gestalten des Stückes:
der Wirt, der Tischler, der Geselle, der Soldat, der
Pater, der Jemand und der Doktor treten im Verlauf
der Handlung einzeln an die Schranke und liefern
einen Zeugenbericht. Ihre Aussage, die eine Selbst-
rechtfertigung enthält - nur der Pater bildet darin
eine Ausnahme, indem er sich selbst anklagt - wird
dem Publikum zur Beurteilung vorgelegt. Frisch
selbst erläutert die Form der Publikumsanrede in
"Andorra" in seinen Anmerkungen zu den Proben:

> Das Buch verlangt, daß jeder Andorraner einmal aus
> der Handlung heraustritt, um sich von heute aus zu
> rechtfertigen - oder formal gesprochen: um die Hand-
> lung, die eben auf der Bühne vor sich geht, in die
> Ferne zu rücken und dem Zuschauer zu helfen, daß er
> sie von ihrem Ende her, also als Ganzes, beurteilen
> kann ... (II, 356)

Das Stück wird zur Gerichtsverhandlung, in der mit Hilfe von Zeugenaussagen und einer durch das szenische
Spiel dargestellten Besinnung auf die Vorgänge nach der
Wahrheit gesucht werden soll. Auch die Form der Publikumsanrede zeigt damit deutlich, daß Max Frisch alle
Strukturmittel des epischen Theaters dazu verwendet,
seine eigene Wahrheitssuche zu der des Publikums zu
machen. Mit der Fiktion der Gerichtsverhandlung wird
das Thema der Wahrheitsfindung als strukturformendes
Element der Dramen von Max Frisch offenbart.

D. Zusammenfassung

Die Mitteilung der Existenzerfahrung des Dichters
durch die Gestaltung der Suche im Modell.

Die Form des offenen Modells spiegelt die Existenzsuche des Dichters wider. Durch eine fragmentarische Raum- und Zeitstruktur und eine Personengestaltung, die den Menschen als Objekt des Zufalls kennzeichnet, das nur in einem persönlichen Bezugssystem

zum Subjekt werden kann, offenbart er den Vorgang
des Dichtens als eine Suche nach den verschiedenen
Deutungsmöglichkeiten der menschlichen Wirklichkeit.

Damit wird die Form zum eigentlichen Mittei-
lungsinstrument des Autors. Ihre Bedeutung als Er-
kenntnisträger ist in der Sprachauffassung des Dichters begründet. Max Frisch geht davon aus, daß die
Sprache die Wahrheit zwar umstellen, sie aber nicht
mitteilen kann. In der entfremdeten Welt ist sie in
festgelegten Denkvorstellungen fixiert und verdeckt
die Wirklichkeit, statt ihren Sinn zu offenbaren.
Aus dieser Erstarrung muß der Dichter sie befreien,
indem er sie nicht zur Wirklichkeitsdarstellung,
sondern zur Wirklichkietszersetzung verwendet. Im
Tagebuch bezeichnet Max Frisch die dichterische
Sprache als einen Meißel, der alles Sagbare wegschlägt,
um bis an die Grenze des nur noch Erfahrbaren vorzudringen.

> Man gibt Aussagen, die nie unser eigentliches
> Erleben enthalten, das unsagbar bleibt..., die
> Sprache ist wie ein Meißel, der alles weghaut,
> was nicht Geheimnis ist... Immer besteht die
> Gefahr, daß man das Geheimnis zerschlägt, und
> ebenso die Gefahr, daß man vorzeitig aufhört,
> daß man nicht vordringt zu seiner letzten Oberflä-
> che... Die Oberfläche alles letztlich Sagbaren,
> die eins sein müßte mit der Oberfläche des Ge-
> heimnisses; diese stofflose Oberfläche, die es
> nur für den Geist gibt... vielleicht ist es das,
> was man Form nennt? Eine Art von tönender Grenze-
> (Tb 42).

Frisch sieht die Sprache als einen Vermittler zwischen
Sinn und Form; sie durchdringt die entfremdete Wirklichkeit und bringt die Existenzerfahrung des Dichters bis an die Oberfläche des Bewußtseins, um sie
dort Gestalt werden zu lassen. Die Form wird dadurch
zu einem Tor zum Erkenntnisbereich - sie macht dem
Publikum die Einsicht des Dichters unmittelbar zugänglich.

Die Entwicklung der Modellform spiegelt die
Suche des Dichters nach einer "idealen" Form wider.
Durch eine Kommunikation mit dem Publikum bemüht
er sich, den Zuschauer zum Partner seiner Suche zu
machen, um im geistigen Spannungsfeld zwischen Bühne
und Zuschauerraum jenen Augenblick der Einsicht in
die Wahrheit zu ermöglichen.

III. D a s   Z i e l   d e r   D r a m e n
===

Das Bewußtwerden der Entfremdung im
"Lehrstück ohne Lehre"

A. Die "Belehrung ohne Lehre" bei Max Frisch
    im Gegensatz zur "Lehre" bei Bert Brecht.

Der Einfluß, den Bert Brecht auf das dramatische
Werk von Max Frisch ausgeübt hat, läßt sich nicht so eindeutig als Brecht-Nachfolge definieren, wie es bei Versuchen, Frisch literarhistorisch einzuordnen, immer wieder
getan worden ist (1). Max Frisch hat in zahlreichen Aufsätzen und Skizzen über seine Begegnungen mit dem Dichter (2) keinen Zweifel darüber gelassen, daß er von Brecht
sehr viel gelernt hat und sich in der formalen Entwicklung seiner Dramen an ihm orientiert, doch seine Dichtung
bedeutet nicht Nachfolge Brechts, sondern eine kritische
Auseinandersetzung mit dessen Werk.

Mit dem Untertitel zu "Biedermann und die Brandstifter": "Ein Lehrstück ohne Lehre" - verleiht Max
Frisch seinem paradoxen Abhängigkeitsverhältnis von
Brecht Ausdruck. Einerseits sieht er sich dem lehrhaf-
ten Parabeltheater verpflichtet, das durch anti-illusionistische Methoden die Wirklichkeit durchschaubar
zu machen versucht, statt sie abzubilden und dadurch
das Spiel aus der Ebene illusionärer Wirklichkeitsbetrachtung in das Feld kritischer Bewußtseinsauseinandersetzung
zung hebt. Andererseits führt ihn die Einsicht in die
Vieldeutigkeit der Welt zu der Überzeugung, daß eine

----

1) Frisch und Dürrenmatt werden im allgemeinen als Nachfolger des Brechtschen Parabeltheaters bezeichnet;
   vgl. Franzen, Duwe, Dietrich, Karasek, Kesting,
   Ziskoven.

2) Max Frisch: Aufsätze über Brecht - a) Tagebuch 1946-
   49, S.201, 224, 288, 338; b) Brecht als Klassiker,
   Die Weltwoche 1.7.1955; c) Zu Brecht "Furcht und Elend
   des Dritten Reiches", Schweizer Annalen 3 (1946/47),
   S.479ff; d) Brecht ist tot, Die Weltwoche 24.8.1956;
   e) Erinnerungen an Brecht, Kursbuch 7 (1966), S.54ff.

objektive Sinngebung des Daseins in Form einer ideologischen Weltanschauung nicht möglich ist und daß
eine politische Lehre, wie Brecht sie in seinen Stük-
ken formuliert, den Blick auf die Wirklichkeit ein-
engt, statt ihn zu öffnen und die Vieldeutigkeit widerzuspiegeln. "Zu fragen bin ich da, nicht zu antworten" (Tb 140), so lautet seine Auffassung von Aufgabe und Ziel der Dichtung im 20. Jahrhundert. Brecht
hingegen sieht die Fragen des Dichters nur dadurch
gerechtfertigt, daß er eine Antwort weiß:

> Für heutige Menschen sind Fragen wertvoll der Ant-
> wort wegen (16/930) (1).

Während Brecht in seinen Lehrstücken gezielte Fragen
stellt, die eine Richtung weisen, in der die Antworten
zu suchen sind, fragt Frisch um des Fragens willen und
im Bewußtsein, daß nur der einzelne Mensch eine ihm
entsprechende Antwort geben kann.

Bei einer Gegenüberstellung des Parabeltheaters
von Brecht und des offenen Modells von Max Frisch wird
zunächst zu betrachten sein, wie beide Dichter durch
die dramatische Methode des Fragens dem Zuschauer die
Entfremdung der Wirklichkeit ins Bewußtsein zu rufen
versuchen, wie dann jedoch das unterschiedliche Ziel
der Fragen den einen eine gesellschaftliche Lehre gestalten läßt, den anderen hingegen veranlaßt, das Prinzip der existentiellen Suche des einzelnen zur unausge-
sprochenen Einsicht seiner Stücke zu erheben (2).

---

1) Brecht wird zitiert nach der Werkausgabe Edition
   Suhrkamp, Ges.Werke in 20 Bänden, Frankfurt 1967.

2) Es muß betont werden, daß der Vergleich sich am
   Werk Frischs orientiert und die Dichtungstheorie
   dieses Autors im Gegensatz zu derjenigen Brechts
   herauszuarbeiten versucht. Es ist dabei unmöglich,
   dem Drama Brechts auch nur annähernd gerecht zu
   werden. Der Lehrcharakter seiner Stücke wird, ohne
   wesentliche Differenzierung innerhalb des Werkes,
   zum Vergleich herangezogen. Eine nähere Untersuchung der Entwicklung des Lehrstückes bei Brecht
   würde den Rahmen dieser Arbeit überschreiten.

1. Die dramatische Dichtung als Kritik an der
Wirklichkeit.

Beide Dichter, Brecht und Frisch, erfahren die Wirklichkeit des 20. Jahrhunders als eine Erstarrung in gesellschaftlichen Vorstellungen und erkennen die Entfremdung des Menschen. Ihre Dichtung zielt auf eine Veränderung dieses Zustandes.

a) Aufgabe der Kritik: Veränderung

> Verändern wollen wir alle, - darin sind wir uns einig,
> und es geht jedesmal nur darum, wie die Veränderung
> möglich sein soll ... Die einen glauben, es bleibe uns
> nur noch die Entdeckung der menschlichen Seele, das
> Abenteuer der Wahrhaftigkeit, und sie sehen keine an-
> deren Räume der Hoffnung. Die anderen dagegen sind
> überzeugt, daß sich der Mensch in dieser Welt, so wie
> sie ist, nicht verändern kann; also müssen wir vor
> allem die Welt ändern, die äußere, damit der Mensch,
> der ihnen als Erzeugnis dieser äußeren Welt erscheint,
> sich seinerseits erneuern kann (Tb 165).

Max Frisch bekennt sich in seinem Tagebuch eindeutig zu
einer Veränderung der Welt durch die Dichtung; er unterscheidet jedoch zwischen zwei grundsätzlich verschiedenen Wirklichkeitsauffassungen und den daraus resultierenden Dichtungstheorien:

a) Die einen gehen davon aus, daß der Mensch von seiner
Umwelt determiniert ist. Eine Befreiung des Menschen
setzt eine Veränderung der sozialen Verhältnisse voraus.
Der Dichter hat deshalb die Aufgabe, zur Umwälzung der
Gesellschaft beizutragen, indem er ihre äußere Wirklichkeit als veränderungsbedürftig beschreibt. Zu dieser Gruppe zählt Bert Brecht. Frisch schreibt:

> "Brecht will durchaus eine Veränderung, eine ganz be-
> kannte, genau beschreibbare". (Tb 201).

b) Frisch selbst dagegen rechnet sich zu jenen, die nicht
an eine so direkte Wirkung ihrer Dichtung glauben. Er
sucht die Veränderungsmöglichkeiten nicht in der äußeren
Welt, sondern im Menschen, denn er geht davon aus, daß

der Mensch sich durch sein Bewußtsein die ihm gemäße
Wirklichkeit schafft. Nicht die Verhältnisse, in denen er lebt, bestimmen sein Verhalten, sondern die
Haltung, die er ihnen gegenüber einnimmt. Der Dichter muß deshalb versuchen, auf die Wirklichkeitserfahrung des Menschen einzuwirken, um eine Veränderung
der Welt zu erzielen.

Die Frage, ob die Welt vom Dichter als veränderbar angesehen wird oder nicht, wurde im "Darmstädter
Theatergespräch" von 1955 (1) zu einer Grundsatzfrage
der modernen Dramatik erhoben. Friedrich Dürrenmatt
warf die Frage auf, ob die heutige Welt auf dem Theater überhaupt wiedergegeben werden könne (2), und
erhielt von Brecht die Antwort (3), daß die Frage der
Beschreibbarkeit der Welt ein gesellschaftliches Problem sei:

> Die heutige Welt ist dem heutigen Menschen nur be-
> schreibbar, wenn sie als eine veränderbare Welt be-
> schrieben wird ... Heutige Menschen interessieren
> sich für Zustände und Vorkommnisse, denen gegenüber
> sie etwas tun können (16/930).

Mit dieser Antwort kennzeichnet Brecht das politische
Engagement des Autors, seinen Willen zur Veränderung
der Welt, als eine Voraussetzung seiner Dichtung. Der
Wunsch, zur Umgestaltung der Welt beizutragen durch
die Beschreibung veränderungsbedürftiger Zustände,
wird von ihm als der eigentliche Antrieb zu schrift-
stellerischer Tätigkeit gewertet. Das politische Engagement bestimmt Aufgabe, Form und Ziel seiner Dichtung.

---

1) Das "Darmstädter Gespräch: Theater" stellt eine Vor-
   trags- und Diskussionsreihe dar, die unter der Lei-
   tung von G.R.Sellner und der Mitwirkung bekannter
   Theaterleute, Autoren und Kritiker in der Otto-Berndt-
   Halle der TH Darmstadt 1955 stattfand. Dokumentation
   hrg.v.Egon Vietta, Darmstadt 1955.

2) Diskussionsbeitrag von Friedrich Dürrenmatt zu einer
   Rede von Reinhold Schneider; Dokumentation, a.a.O.S.233;

3) Brecht nahm an dem Theatergespräch nicht teil, lieferte
   aber nachträglich in einem offenen Brief an Dürrenmatt
   einen Beitrag zur Diskussion: "Kann die heutige Welt
   durch Theater wiedergegeben werden?" (16/929ff).

Frisch greift 1964 in seiner Rede "Der Autor und
das Theater" (1) in die Darmstädter Theaterdiskussion
ein und setzt sich mit Brechts These auseinander. Er
betrachtet die Welt als unabbildbar und wertet jede
dichterische Wirklichkeitsbeschreibung als eine Deutung, die nicht Realität abbildet, sondern durchschaubar macht. Dichtung verändert die Welt im Kunstraum,
indem sie eine Auswahl trifft unter den vieldeutigen
Aspekten der Wirklichkeit und Bilder schafft, die einen
Durchblick ermöglichen:

> Wir erstellen auf der Bühne nicht eine bessere Welt,
> aber eine spielbare, eine durchschaubare, eine Welt,
> die Varianten zuläßt, insofern eine veränderbare,
> veränderbar wenigstens im Kunstraum ... Unser Spiel,
> verstanden als Antwort auf die Unabbildbarkeit der
> Welt, ändert diese Welt noch nicht, aber unser Ver-
> hältnis zu ihr (R 79).

Die Veränderbarkeit der Welt, die für Brecht eine Voraussetzung seines Theaters bedeutet, ist für Frisch
eine Kunsterfahrung, die unabhängig ist von seinem politischen Engagement. Zwar braucht der Dichter sein Engagement für die Produktion, wie Frisch betont (R 80),
weil er die Wirklichkeit nur dort durchschaubar machen
kann, wo er sie selbst erfahren hat (2), aber es darf
nicht ideologisch zielgerichtet sein, sondern muß der
Vieldeutigkeit der Welt gegenüber offen bleiben.

Obwohl es beiden Dichtern darum geht, den Zustand
der entfremdeten Wirklichkeit bewußt zu machen und dadurch eine Veränderung zu bewirken, gelangen sie aufgrund ihres verschiedenartigen Engagements in der Wirklichkeit zu einer unterschiedlichen Thematik ihrer Dichtung:

---

1) Rede zur Eröffnung der Dramaturgentagung in Frankfurt
   1964; R 68-89
2) Zur Stellung des Dichters in der Gesellschaft vgl.
   Einleitung;

- **Brecht** möchte gesellschaftliche Wirklichkeit zeigen
  in ihrer widersprüchlichen Gesamtheit;
- **Frisch** möchte existentielle Wirklichkeit erfahrbar
  machen; er gestaltet den einzelnen Menschen innerhalb der Gesellschaft.

b) **Thema der Kritik: Entfremdung**

Brechts Glaube an die Veränderbarkeit .der Welt
ist auf den dialektischen Materialismus und seine historische Wirklichkeitsbetrachtung gegründet (1). Die
materiellen Lebensverhältnisse der Gesellschaft werden
als grundlegende Antriebskraft der Geschichte angesehen.
Die Geschichte ist ein von Klassenkämpfen bestimmter
dialektischer Prozeß, der auf einen Ausgleich der materiellen Besitzverhältnisse und einer Gleichstellung aller Menschen in der klassenlosen Gesellschaft zielt.
Jeder gesellschaftliche Zustand muß deshalb als historisch einmalig und veränderbar angesehen werden. Die
Entfremdung des Menschen ist auf die augenblicklich
vorhandenen gesellschaftlichen Zustände zurückzuführen
und wird in einer klassenlosen Gesellschaft überwunden
sein.

Brecht stellt sich mit seiner Dichtung in den
Dienst dieser historischen Entwicklung, indem er die
vorhandenen gesellschaftlichen Zustände kritisch analysiert und in ihrer Veränderbarkeit beschreibt:

> Das sozialistisch-realistische Kunstwerk zeigt
> Charaktere und Vorgänge als historische und ver-
> änderliche und als widersprüchliche (16/935).

Es gilt, den im gesellschaftlichen System befangenen,
unwissenden Menschen über seine Lage aufzuklären und
ihn durch sachliche Informationen über wirtschaftliche
und politische Gegebenheiten davon zu überzeugen, daß
eine Veränderung der vorhandenen Zustände nicht nur
notwendig, sondern auch durchführbar ist.

---

1) vgl. Norbert Kohlhase: Die marxistischen Grundlagen
   der Dichtung Brechts; in: Dichtung und politische
   Moral, a.a.O. S. 54ff

Das Öl, die Inflation, der Krieg, die sozialen Kämp-
fe, die Familie, die Religion, der Weizen, der
Schlachtviehhandel wurden Gegenstände theatrali-
scher Darstellung. Chöre klärten den Zuschauer
über ihm unbekannte Sachverhalte auf. Filme zeig-
ten montiert Vorgänge in aller Welt. Projektionen
brachten statistisches Material. Indem die "Hintergründe" nach vorn traten, wurde das Handeln der Menschen der Kritik ausgesetzt (15/265).

Unter Zur-Hilfe-Nahme wissenschaftlicher Methoden, wie
z.B. der Statistik, versucht Brecht, objektive Informationen zu liefern, die einer Kritik an der bürgerlichen
Gesellschaft und ihrem Wirtschaftssystem im Sinne sozia-
listischer Aufklärung dienen (1). Damit aber soll ein
Ausgangspunkt für den Aufbau des Sozialismus geschaffen
werden:

Das Theater dieser Jahrzehnte ... soll Kunstwerke
bieten, welche die Realität so zeigen, daß der Sozialismus aufgebaut werden kann (16/941).

Die Aufklärung, das In-Frage-Stellen der Wirklichkeit,
erweist sich damit als eine Vorbereitung zur Belehrung.
Die Frage des Autors an die Gesellschaft muß so gestellt
werden, daß sich die Antwort zwangsläufig ergibt und als
die einzig mögliche erscheint.

Demgegenüber bezweifelt Max Frisch gerade jenen
historischen Fortschrittsglauben, der Brechts Werk zugrunde liegt. Das naturwissenschaftliche Weltbild des
20. Jahrhunderts wird von Frisch im Sinne einer a-histo-
rischen Wirklichkeitsauffassung gesehen (2). Die Erkenntnis, daß Zeit und Raum relativ sind und vom Menschen nur
als ein von ihm selbst geschaffenes Bezugssystem erfahren werden können, läßt die Geschichte nicht als einen
Fortschritt erscheinen, sondern als eine auf die Wirklichkeit eines Menschen bezogene, zu ihm relative, Zeit-

---

1) Auf den Aufklärungscharakter des Lehrtheaters von
   Brecht weist besonders Hans-Joachim Schrimpf hin
   in seiner Schrift "Lessing und Brecht", Pfullingen 1965, opuscula 19;

2) Zur Zeitstruktur vgl. Kap. II A 2;

spanne, die ihre Gültigkeit überhaupt nur aus der Relation zum Menschen bezieht: Geschichte ist vom Menschen
subjektiv erfahrene Wirklichkeit (1).

Demzufolge versteht Max Frisch die Entfremdung des
Menschen als einen Mangel an Welteinsicht und versucht
an Hand von Einzelpersonen die Erkenntnis und Überwindung der Selbstentfremdung als einer subjektiven Fixierung in Unwissenheit oder Wirklichkeitsflucht darzustellen. Die sozialen Verhältnisse, die in Brechts Dichtung
in den Vordergrund gerückt werden, sollen bei Frisch
als Bereich der menschlichen Selbsterfahrung erkennbar
gemacht werden. Sachliche Informationen erscheinen bei
dieser Art, die Wirklichkeit zu zersetzen, unsinnig, da
Frisch gerade den Beweis erbringen möchte, daß jede
scheinbar objektive Aussage auf eine menschlich relative Perspektive gegründet ist. Die Überwindung der Entfremdung beginnt für ihn mit dem Bewußtwerden der Relativität menschlichen Daseins. Eine "wahrhaftige, lebendige" Darstellung von Einzelschicksalen soll einen Einblick in die subjektive Wirklichkeitserfahrung ermöglichen:

> Die Wahrhaftigkeit der Darstellung und wäre es nur
> eine übliche oder ausgefallene Ehe, was da zur Dar-
> stellung gelangt, oder die ungeheuerliche Deformati-
> on des Menschen, der von Staats wegen hat töten müs-
> sen, einen Soldaten also - gleichviel, wo Wahrhaf-
> tigkeit geleistet wird, ... sie ist das einzige, was
> wir entgegenstellen können: Bilder, nichts als Bil-
> der, ..., verzweifelte, Bilder der Kreatur, solange
> sie lebt ... (R 55).

Mit Hilfe lebendiger Bilder versucht Max Frisch dem Menschen seine Entfremdung bewußt zu machen und eine kritische Distanz zur Wirklichkeit hervorzurufen.

c) Form der Kritik: Verfremdung

Brecht entwickelt in seinem Parabeltheater eine
dramatische Methode, die Entfremdung des Menschen sicht-

---

1) Zur existentiellen Geschichtsauffassung vgl. N.Abbag-
   nano: Existenz als Geschichte, in: Philosophie des
   menschlichen Konflikts, a.a.O. S.68;

bar zu machen. Er nennt seine Technik: Verfremdung.
Sie geht zurück auf die Erkenntnis, daß das Bekannte,
Selbstverständliche vom Menschen unerkannt hingenommen
wird (1):

> Das lange nicht Geänderte nämlich scheint unänder-
> bar. Allenthalben treffen wir auf etwas, das zu
> selbstverständlich ist, als daß wir uns bemühen
> müßten, es zu verstehen (16/681).

Damit das scheinbar Selbstverständliche in den Bereich
kritischer Auseinandersetzung gelangt und vom Menschen
erkannt werden kann, muß es aus der gewohnten Umgebung
herausgenommen und in einen fremden Bereich gestellt
werden; es muß verfremdet werden:

> Einen Vorgang oder einen Charakter verfremden, heißt
> zunächst einfach, dem Vorgang oder dem Charakter das
> Selbstverständliche, Bekannte, Einleuchtende zu neh-
> men und über ihn Staunen und Neugierde zu erregen
> (15/301).

Wie im letzten Teil deutlich wurde, ist der Gegenstand der Dramen von Brecht die gesellschaftliche Situation des Menschen im 20. Jahrhundert, die mit dem Begriff der Entfremdung gekennzeichnet ist. Damit der Zuschauer sich seiner Entfremdung bewußt wird, muß der
Dichter ihm sein eigenes gesellschaftliches Sein als
ein fremdes darstellen, so daß er aus der Distanz des
unbeteiligt Beobachtenden die sozialen Gesetze des Daseins erkennt. Durch Entfremdung wird Entfremdung sicht-

---

1) Auf diese Erkenntnis stößt Brecht einerseits bei seinen Hegel- und Marx-Studien (Hegel: "Das Bekannte
   überhaupt ist darum, weil es bekannt ist, nicht erkannt;" Phänomenologie des Geistes), andererseits bei
   der Auseinandersetzung mit dem russischen Formalismus.
   Dort wird ein Kunstmittel "priem ostrannenija" (= Verfremdung) beschrieben, das in einer Zersetzung der gewohnten Zusammenhänge und Sinnbezüge besteht und dazu
   dient, die entfremdete Welt wieder wahrnehmbar zu machen. Vgl. Victor Ehrlich: Der russische Formalismus,
   München 1964, S.195;

bar gemacht (1). Das künstlerische Verfahren dient dazu,
die Gesellschaft ihrer selbst bewußt zu machen, d.h.,
sie die sozialen Verhältnisse in ihrer Widersprüchlichkeit erkennen zu lassen.

Eine solche Erkenntnis ist nur möglich, wenn der
Zuschauer dem Dargestellten nicht als Mitfühlender, sondern als Fragender gegenübertritt. An die Stelle des il-
lusionistischen Einfühlungstheaters, das, nach Brechts
Definition, vorwiegend die Gefühle des Zuschauers an-
spricht und ihn zu beeindrucken und mitzureißen versucht
(2), tritt deshalb ein anti-illusionistisches, sachliches
Lehrtheater, das zur Diskussion herausfordert und den Zuschauer sich selbst zu objektivieren lehrt. Sein Verhältnis zur Bühne muß dem eines Forschers gleichen, der durch
die Beobachtung und Analyse seines Modellgegenstandes Ursache und Wirkung eines Vorgangs erkennt und damit fähig
wird, verändernd einzugreifen. Der Zuschauer wird zu je-
mandem -

> der die Welt nicht mehr hinnimmt, sondern sie mei-
> stert. (15/302).

Die Verfremdungstechnik, die diese kritische Haltung
im Zuschauer hervorrufen soll, erstreckt sich auf alle
Bereiche des Theaters (3) -
1) den Bühnentext,
2) das Bühnenbild,
3) die Bühnenmusik,
4) die Darstellungskunst des Schauspielers.

---

1) Auf die Zusammenhänge zwischen den Begriffen "Entfremdung" und "Verfremdung" weisen u.a. besonders
   hin: Reinhold Grimm: Verfremdung, Revue de littérature comparée 35 (1961), S.205ff; Ernst Bloch,
   a.a.O. S.81f; H.J.Schrimpf, a.a.O. S.29ff;

2) vgl. Brecht: Über eine nichtaristotelische Dramatik,
   5/229ff; Kleines Organon für das Theater 16/661;

3) Es können hier nur die Elemente des Verfremdungsef-
   fektes genannt werden, die für das Modell von Frisch
   Bedeutung haben. Näheres über den V-effekt vgl.
   Schrimpf, Grimm, Dietrich u.a.

Die Verfremdung beginnt bei der Wahl der Fabel.
Diese darf keinerlei stoffliche Sensationen enthalten,
weil der Zuschauer dadurch an einer kontemplativen
Haltung gehindert wird. Geschichtliche Vorgänge bieten sich als Stoffe an, da sie in ihrem Verlauf als
bekannt vorausgesetzt werden können (1). Eine weitere
Möglichkeit der Verfremdung sieht Brecht darin, die
Fabeln in ferne, fremdartige Länder und Städte zu
verlegen, wie z.B. China oder Chicago usw., und dadurch die gewünschte Distanz herzustellen.

Die Fabel wird nicht durchgehend in dramatische
Handlung umgesetzt, sondern epische und lyrische Partien unterbrechen das Spiel (2). Neben die Protagonisten der dramatischen Handlung treten Erzählergestal-
ten oder Chöre, die in Kommentaren zu dem Geschehen
Stellung nehmen, oder mit Schilderungen über die sozialen Hintergründe der Handlung dazu beitragen, daß
die gesellschaftlichen Zustände als vordergründiges
Thema sichtbar werden. Andrzej Wirth (3) bezeichnet
diese Mischung von dramatischen, epischen und lyrischen Elementen als stereometrische Struktur und leitet aus ihr den von Brechts Theater angestrebten Erkenntnisprozeß ab. Indem verschiedene Bewußtseins-
ebenen im Zuschauer angesprochen werden, wird sein
kritisches Vermögen angeregt. Wirth schreibt:

Die stereometrische Struktur determiniert in eigen-
tümlicher Weise den Erkenntnisprozeß. Der Zuschauer wird vom Konkreten (in der dramatischen Ebene),
zur Verallgemeinerung (der bildlichen Verallgemeinerung - in der poetischen Ebene, der diskursiven -

1) vgl. Walter Benjamin: Was ist das epische Theater?
   in: Episches Theater, Köln 1966, Reihe: Neue Wissenschaftliche Bibliothek 15, S.89;

2) vgl. M.Dietrich: Episches Theater? in: Episches
   Theater, a.a.O. S.94ff; Andrej Wirth: Über die
   stereometrische Struktur der Brecht'schen Stücke,
   in: Episches Theater, a.a.O. S.197ff; J.Müller:
   Dramatisches, episches und dialektisches Theater,
   in: Episches Theater, a.a.O. S.154ff;

3) Andrzej Wirth a.a.O. S.197ff;

in der philosophischen) und von der Verallgemeinerung wieder zurück zum Konkreten geführt (1).

Eine Ebene unterbricht die andere und verfremdet sie,
indem sie die Einfühlung verhindert und den Zuschauer
zu einer ständigen Kontrolle seines Bewußtseins und
damit einer Distanz zu sich selber zwingt.

Das Bühnenbild dient dazu, den anti-illusioni-
stischen Charakter des Parabeltheaters sinnlich wahrnehmbar zu machen. Es unterstreicht die Funktion des
Brechtschen Theaters, gesellschaftliche Vorgänge zu
analysieren, indem es auf die einzelnen Bauelemente
der Parabel hinweist und die Konstruktion eines Stük-
kes sichtbar macht:

> Der Parabelerzähler tut gut, alles, was er für
> seine Parabel braucht, jene Elemente, mit deren
> Hilfe er den gesetzmäßigen Verlauf seines Vor-
> gangs zeigen will, offen den Zuschauern vorzuwei-
> sen. Der Bühnenbauer der Parabel zeigt also offen
> die Lampen, Musikinstrumente, Masken, Wände und
> Türen, Treppen, Stühle und Tische, mit deren Hilfe
> die Parabel gebaut werden soll (15/454).

Das Theater muß als Theater kenntlich sein, d.h. als
Ort gesellschaftlicher Auseinandersetzung. Dazu gehört
nicht nur das eben beschriebene "Offene Zeigen", sondern auch die "Kargheit" der Bühne (2). Die Bühne
darf nur die zum Spiel notwendigen Requisiten auf-
weisen und nicht durch naturalistische Interieurs den
Zuschauer in Illusionen versetzen:

> Karg wirkt auch, daß der nichtillusionistische Büh-
> nenbau sich mit Andeutungen der Merkmale begnügt,
> mit Abstraktionen arbeitet, und so dem Beschauer
> die Mühe des Konkretisierens aufbürdet. Er tritt
> der Lähmung und Verkümmerung der Phantasie ent-
> gegen (15/453).

Neben die zur Handlung des Stückes gehörenden Büh-
nenrequisiten treten, wie schon im Bühnentext, kommen-
tierende, diskursive Elemente. Plakate und Spruchbän-
der stellen das Bühnengeschehen in einen historischen

---

1) Andrzej Wirth a.a.O. S.228;

2) vgl. Brecht: Über die Kargheit (15/952)

Zusammenhang und liefern sachliche Informationen, die
zu einem Verständnis der Situation beitragen sollen
(15/264).

Die verfremdende Wirkung der Bühnenmusik gleicht
der des Bühnenbildes. Sie ist ihrem Wesen nach "gestisch"
(1), d.h. hinweisend. In Songs dient sie der Unterstüt-
zung der Sprache und der Hervorhebung der sozialkriti-
schen Textstellen. Brecht definiert:

> Diese Musik ist in einem gewissen Sinne philosophisch.
> Sie vermeidet narkotische Wirkungen, hauptsächlich,
> indem sie die Lösung musikalischer Probleme verknüpft
> mit dem klaren und deutlichen Herausarbeiten des po-
> litischen und philosophischen Sinnes der Gedichte
> (15/480).

Die wichtigste Rolle bei der Verfremdungstechnik
des epischen Theaters spielt der Schauspieler. Er demonstriert mit seinem Spiel die kritische Haltung gegenüber
gesellschaftlichen Vorgängen, die Brecht zum Ziel seines
Theaters erhoben hat. Kennzeichen der verfremdenden Darstellungskunst ist in erster Linie der "Gestus des Zeigens":

> Die Voraussetzung für die Hervorbringung des V-Effek-
> tes ist, daß der Schauspieler das, was er zu zeigen
> hat, mit dem deutlichen Gestus des Zeigens versieht
> (15/341).

Statt sich durch Einfühlung in eine Figur zu verwandeln, behält der Schauspieler eine kritische Distanz
zu ihr. Der Standpunkt, den er seinem Darstellungsobjekt
gegenüber einnimmt, ist der des Beobachtenden, der Widersprüche aufzudecken versucht und nach den gesellschaftlichen Ursachen des Verhaltens fragt:

> Der Standpunkt, den er einnimmt, ist ein gesellschafts-
> kritischer Standpunkt. Bei einer Analyse der Vorgänge
> und Charakterisierung der Person arbeitet er jene Züge
> heraus, die in den Machtbereich der Gesellschaft fal-
> len. So wird sein Spiel zu einem Kolloquium (über die
> gesellschaftlichen Zustände) mit dem Publikum, an das
> er sich wendet (15/346).

---

1) vgl. Brecht: Über gestische Musik (15/482)

Kennzeichnend für den gesellschaftskritischen Standpunkt des Schauspielers ist seine historisierende Darstellungskunst. Er muß die Vorgänge als historisch einmalig, von Umständen bedingt und damit veränderbar sichtbar machen. In seiner Darstellungskunst sind die Veränderungsmöglichkeiten bereits enthalten:

> ... er spielt so, daß sein Spiel noch die anderen Mög-
> lichkeiten ahnen läßt, nur eine der möglichen Varian-
> ten darstellt (15/343).

Indem das Spiel nicht zwangsläufig, sondern veränderbar
erscheint, indem der Schauspieler seine Figur nicht darstellt, sondern in ihrer Widersprüchlichkeit zur Diskussion stellt, wird der Zuschauer zu einer kritischen Auseinandersetzung angeregt.

Das Grundprinzip des Verfremdungseffektes ist in
allen theatralischen Bereichen - Sprache, Bild, Musik,
Gestik - das gleiche: es beruht auf dem Gesetz der Dialektik. Auf die Bedeutung dieses Begriffes im marxistischen Weltbild war bereits hingewiesen worden: Die gesellschaftliche Wirklichkeit wird als ein dialektischer
Prozeß angesehen, der durch widersprüchliche Konflikte
vorangetrieben, sich seinem Ausgleich in der kommunistischen Gesellschaft nähert. Brecht verbindet in seinem
Verfremdungstheater die Theorie mit der Praxis (1):
Die Theorie (= das Lehrstück) nimmt seine Methoden
(= die Dialektik) aus der Praxis (= die gesellschaftliche Wirklichkeit), um sie ins allgemeine Bewußtsein
zu heben und dadurch wiederum eine Wirkung auf die Praxis
zu erzielen. Die Haltung, in die der Zuschauer damit versetzt wird, ist in ihrem Bezug zur Gesellschaft praktisch,
produktiv und vergnüglich:

- Sie ist _praktisch_, d.h. auf die Praxis bezogen, weil
  dem Zuschauer Verhaltensweisen vorgeführt werden, die
  er für seine gesellschaftliche Wirklichkeit zu nutzen
  vermag.

---

1) Zur"Einheit von Theorie und Praxis" bei Brecht vgl.
   N. Kohlhase, a.a.O. S.54f;

- Sie ist produktiv, weil sie ihn anleitet, verändernd
in seine Umwelt einzugreifen. Kritisieren heißt für
Brecht: verbessern und korrigieren (16/67).
- Sie ist vergnüglich, weil die Produktion dem Menschen
des wissenschaftlichen Zeitalters deshalb das höchste
Vergnügen bereitet, da sie allein die dialektische
Entwicklung vorantreibt (1).

Das "In-Frage-Stellen" der Wirklichkeit bedeutet
für Brecht also: verändernd in die Welt eingreifen. Sein
Theater vermittelt einen Lernprozess, der darin besteht,
das dialektische Gesetz der Wirklichkeit zu erkennen und
die Kritik am Bestehenden zum Lebensprinzip zu erheben.

Betrachtet man die Verfremdungsmethoden im Modelltheater von Max Frisch, so muß zunächst festgestellt
werden, daß Frisch unter einer kritischen Weltbetrachtung etwas anderes versteht als Brecht. Er bezweifelt
die praktische und produktive Wirkung der von Brechts
Stücken hervorgerufenen kritischen Haltung, weil sie
auf den Glauben an die Belehrbarkeit des Menschen gegründet ist.

Brecht hofft, Wissen durch Aufklärung vermitteln
zu können und versteht dabei unter "Wissen" die Kenntnis der Gesetze menschlichen Zusammenlebens (2). Durch
eine theatralische Demonstration, die sich im "Gestus
des Zeigens" ausdrückt, wird dieses Wissen verbreitet
und nutzbar gemacht. Der Brechtsche Begriff des "Wissens" umfaßt die Sinnbereiche "Erkenntnis" und "Wahrheit". Wer die Gesetze des gesellschaftlichen Lebens
"weiß", ist im Besitz der "Wahrheit" und kann diese

1) Zur Kritik am Begriff der "Produktivität" bei Brecht
vgl. M. Dietrich, a.a.O. S.126ff;
2) Zum Begriff des "Wissens" bei Brecht vgl. M.Dietrich
a.a.O. S.137ff;

"Wahrheit" in seiner sozialen Umwelt ver-"wirklichen"
(1).

Für Max Frisch ist das Wissen um das Sein des Menschen, die existentielle Wahrheit, nicht durch Kenntnisse zu erwerben (2). Sie muß vom einzelnen in der Wirklichkeit erfahren werden und ist deshalb nicht durch Aufklärung zu vermitteln. Die kritische Haltung, die Frisch
im Zuschauer erwecken möchte, ist deshalb weit entfernt
von einer praktikablen Lehre. Der entfremdete Mensch ist
nicht mehr in der Lage, seine existentielle Wahrheit in
der Wirklichkeit zu erfahren, weil er, statt die Wirklichkeit zu durchdringen, sich von ihr fixieren läßt.
Diese Fixierungen zu lösen, ist das Ziel der Modelle.
Die kritische Haltung ist weder produktiv noch vergnüglich, - sie ist "zersetzend".

Im Verfremdungseffekt des Brechtschen Parabeltheaters
sieht Frisch ein Kunstmittel, das durchaus geeignet ist,
eine solche kritische Haltung hervorzurufen, wenn man es
nur aus seiner politischen Zweckgebundenheit löst, die,
in seinen Augen, das zersetzende Element durch eine erneute ideologische Bindung zerstört. Frisch führt den
Verfremdungseffekt auf seine formale Grundlage zurück (1)

---

1) Diese sozial-philosophische Definition des Wahrheits-
begriffes wird besonders deutlich in dem Aufsatz:
"Fünf Schwierigkeiten beim Schreiben der Wahrheit"
(18/222). Die Wahrheit wird als etwas "Praktisches"
definiert, das sich aus der Kenntnis der materiali-
stischen Dialektik, der Ökonomie und der Geschichte
gewinnen läßt.
2) Zum Begriff "Wahrheit" bei Frisch vgl. Kap.II A.
3) Grimm, (a.a.O. S.206) weist auf die Zusammenhänge
zwischen dem ästhetisch-literarischen Prinzip der
Verfremdung und der soziologisch-philosophischen
Erkenntnis der Entfremdung hin und konstatiert die
Verbindung der Prinzipien bei Brecht:
Hegel, Marx - soziol.-phil.: Entfremdung russ.Forma-
lismus - ästh.-liter.: Verfremdung Brecht - Vereinigung der Bereiche: Verfremdung als ästhetisches Mittel zur phil. Erkenntnis der Entfremdung.

und verwendet ihn im Sinne des russischen Formalismus
als ein rein ästhetisches Kunstmittel, um Wirklichkeit
erfahrbar zu machen (1). Die Abstraktion der soziologisch-philosophischen Tendenz bei der Verwendung des
Verfremdungseffektes zeigt sich in allen theatralischen Bereichen.

Die Wahl des Stoffes läßt nur in den frühen Dramen
die Auseinandersetzung mit Brecht erkennen. In der "Chinesischen Mauer" verlegt Frisch die Fabel in ein räumlich und zeitlich weit entferntes China und erreicht
dadurch eine verfremdende Wirkung. An Stelle der historischen Fabeln sind bei Frisch vorwiegend mythische
Stoffbereiche, wie z.B. Graf Öderland oder Don Juan,
anzutreffen, in denen menschliche Existenzprobleme in
fremdartig, anti-illusionistischer Weise dargestellt
werden. In der unterschiedlichen Stoffwahl wird die
entgegengesetzte Zielsetzung der beiden Dichter deutlich: Brecht verfremdet gesellschaftliche Wirklichkeit
in historischen Stoffen; Frisch verfremdet existentielle Wirklichkeit in mythischen Stoffen.

Das formale Kennzeichen der Brechtschen Stücke
jedoch, die stereometrische Struktur, wird von Frisch
übernommen und für die Anregung des kritischen Bewußtseins im Zuschauer genutzt. Die dramatische Handlung
wird von epischen Partien und, wenn auch seltener, lyrischen Einlagen unterbrochen, so daß eine Einfühlung
unmöglich ist. Mit Hilfe von Spielleiterfiguren, Chö-
ren oder der direkten Publikumsanrede, versucht Max
Frisch den Zuschauer zu einer denkenden Teilnahme am
Spiel aufzufordern (2).

Bei der Verwendung des Verfremdungseffektes für
das Bühnenbild steht Frisch rein formal ebenfalls in
einer direkten Nachfolge Brechts. Die illusionsauf-

---

1) Vgl. Victor Ehrlich, a.a.O. S.195.
2) Vgl. Kap. II C "Die Kommunikation von Autor und
   Publikum".

hebende Funktion des sinnlich wahrnehmbaren Bildes
wird in Regieanweisungen und Prosaskizzen hervorgehoben. Das Theater soll, wie bei Brecht, als Theater
sichtbar gemacht werden. Deshalb muß das Bühnenbild
Werkstattcharakter besitzen. Das, was Brecht als die
"Kargheit" des Bühnenbildes bezeichnet, ist auch in
Frischs Modellen anzutreffen:

> Die Bühne soll so leer wie möglich sein. Ein Pro-
> spekt im Hintergrund deutet an, wie man sich An-
> dorra vorzustellen hat; auf der Spielfläche steht
> nur, was die Schauspieler brauchen (II, 347).

Mit der "Kargheit" der Bühne möchte Frisch, in Anlehnung an Brecht, die Imaginationskraft des Zuschauers
herausfordern. Beide hoffen, durch bildliche Zeichen,
den Erkenntnisprozeß anzuregen (1).

Die Art der "Zeichen" bei Brecht und Frisch läßt
jedoch einen deutlichen Unterschied erkennen. Brecht
stellt "realistische Teile eines realistischen Ganzen"
(15/455) auf die Bühne. Die "Zeichen" weisen auf die
historische Einordnung des Geschehens in den gesellschaftlichen Entwicklungsprozeß. Frischs Bühnenbild
hingegen hat symbolischen Charakter. Die Kulissen verweisen auf einen Sinnbereich außerhalb von Raum und
Zeit. Sie verfremden das Bühnengeschehen, indem sie
seine übersinnliche Bedeutung offenbaren.

Eine ähnliche Distanzierung von den gesellschaftlichen Tendenzen Brechts zeigt sich in der Verwendung
von Plakaten und Spruchbändern in den frühen Dramen
von Frisch. Bei Brecht dienen sie weitgehend dazu, den
historischen Hintergrund des Geschehens durch sachliche
Informationen in seiner Bedeutung hervorzuheben. Frisch
stellt die Beziehung zur realen Wirklichkeit nicht in
Hinblick auf die historische Bedingtheit her, sondern
um die Fixierung des Individuums zu verdeutlichen. So

---

1) Vgl. Kap. II B 1 "Die verschiedenen Fassungen des
   "Graf Öderland"

weist er z.B. in "Graf Öderland" (1) mit Reklametexten
auf die Ursache der Entfremdung hin: die Mittelbarkeit
des menschlichen Erlebens im "Zeitalter der Reproduktion."

Der symbolische Charakter des Verfremdungseffektes bei Frisch, der sich bereits in der Verwendung
des Bühnenbildes zeigte, tritt bei der Musik noch deutlicher hervor. Frisch ist sich mit Brecht darüber einig,
daß die Musik nicht der atmosphärischen Untermalung dienen darf, sondern den anti-illusonistischen Charakter
des Modelltheaters unterstützen soll. Während Brecht
jedoch die Musik "gestisch" einsetzt und damit für den
gesellschaftlichen Erkenntnisprozeß nutzbar macht, verwendet Max Frisch sie "leitmotivisch" (2). Sie dient dazu, den Kreislauf des Lebens, das Gesetz der Wiederholung widerzuspiegeln und dadurch auf a-historische,
existentielle Problematik der Stücke hinzuweisen.

Im Gegensatz zu Brecht nimmt Frisch auf den Darstellungsstil der Schauspieler keinen Einfluß. Hierin
zeigt sich ein im künstlerischen Vermögen begründeter
Wesensunterschied der beiden Dichter. Brecht ist Stük-
keschreiber und Dramaturg in einer Person. Er beherrscht
alle theatralischen Bereiche und vermag sie für seine
gesellschaftlichen Ziele zu nutzen. Frisch schreibt
über ihn:

> Man sollte fürs Theater nur schreiben, wenn man
> die Hand hat, das Theater an die Hand zu nehmen.
> Brecht hatte diese Hand (3).

Max Frisch dagegen bezeichnet sich selbst als einen
Stückeschreiber, der Partituren für das Theater her-
stellt, sich aber mit dem theatralischen Material
und seinen Verwendungsmöglichkeiten nicht genügend
auskennt, um es für seine Zwecke verwenden zu können.

---

1) Vgl. Kap. II A 2 "Zeitstruktur"
2) Vgl. Kap. II A 2 "Zeitstruktur"
3) Frisch: Nachbemerkungen zu "Biedermann und die
   Brandstifter", a.a.O.

Seine Bemühungen, an der dramaturgischen Arbeit am
Stück mitzuwirken (1), können die Tatsache nicht verbergen, daß die Hauptaussagekraft seiner Stücke in
der Sprache liegt und die szenische Verwirklichung
dagegen sekundäre Bedeutung hat.

Das, was bei Brecht vom Schauspieler durch den
"Gestus des Zeigens" geleistet wird, ist bei Frisch
bereits in der sprachlichen Gestaltung enthalten.
Das Hervorheben des Rollenbewußtseins der Schauspieler, das durch den verfremdenden Darstellungsstil zum
Ausdruck kommt, wird von Frisch durch eine Aufteilung
der Personen sichtbar gemacht (2). Die Variationsmöglichkeiten einer Figur werden in zwei oder mehreren
Rollen gestaltet. Damit gelangt Frisch durch einen
sprachlich fixierten Verfremdungseffekt der Personendarstellung zu einem ähnlichen Ergebnis wie Brecht.
Das Verhalten des Menschen erscheint variabel und wi-
dersprüchlich. Während für Brecht die Einsicht in die
Veränderbarkeit des Menschen jedoch der Ausgangspunkt
für seine Lehre ist, geht es Frisch allein um die Erkenntnis der Relativität menschlicher Wirklichkeit.

Zusammenfassend läßt sich die unterschiedliche
Verwendung des Verfremdungseffektes bei Brecht und
Frisch folgendermaßen definieren:
- Brecht benutzt den Verfremdungseffekt als eine dia-
  lektische Methode, die dem Menschen die dialektische
  Grundstruktur seiner gesellschaftlichen Wirklichkeit
  offenbaren soll.
- Frisch sieht im Verfremdungseffekt ein Mittel der
  Relativierung, das auf die Relativität des mensch-
  lichen Daseins verweist.

---

1) Vgl. E.Stäuble, a.a.O. S.103
2) Vgl. Kap. II A 3 "Personendarstellung"

2. Die dramatische Dichtung als gesellschaftliche Lehre bei Bert Brecht.

Die Lehre der Brechtschen Parabeln wurde als
zielgerichtet und praktikabel erkannt (1). In ihr
ist der Entwurf einer wünschenswerten kommunistischen Welt enthalten, der, in die Wirklichkeit an-
tizipiert, die Richtung des dialektischen Prozesses
bestimmt (2). Der Entwurf wird vom Dichter als objektiv und allgemein verbindlich angesehen. Brecht betont:

> Wir können und müssen darauf hinweisen, daß unse-
> re Aussagen keine beschränkt subjektiven, sondern
> objektive und allgemein-verbindliche sind. Wir
> sprechen nicht für uns als kleiner Teil, sondern
> für die gesamte Menschheit als der Teil, der die
> Interessen der gesamten Menschheit (nicht eines
> Teiles) vertritt (17/1065).

Der Kommunist nimmt für sich in Anspruch, ein für alle
Menschen gültiges Bildnis zu entwerfen, doch er versteht dieses "objektive" Bildnis nicht als ein unwan-
delbares Dogma, sondern ordnet es dem dialektischen
Prinzip unter. Brecht betrachtet seinen Entwurf zunächst als "Arbeitshypothese" (20/159), die er ständig mit der Wirklichkeit vergleicht und entsprechend
korrigiert.

> Nur belehrt von der Wirklichkeit, können wir die
> Wirklichkeit ändern (2/663)

heißt es in der "Maßnahme". Andererseits soll das Bildnis den Menschen dazu herausfordern, die Welt dem Entwurf anzugleichen:

---

1) Vgl. Abschnitt 1 c dieses Kapitels.

2) Vgl. Brecht: Thesen zur Theorie des Überbaus (20/76)
   "Was für die klassenlose Gesellschaft "vorgesehen"
   (im doppelten Sinne) wird, ist wirklich und gehört
   zum Überbau dieser klassenlosen Gesellschaft, wenn
   es für ihre Entstehung und Befestigung notwendig ist.
   Die klassenlose Gesellschaft müssen die Menschen
   selber machen - vorläufig ist sie selber eine Anti-
   zipation."

Nicht nur das Bildnis eines Menschen muß geändert
werden, wenn der Mensch sich ändert, sondern auch
der Mensch kann geändert werden, wenn man ihm ein
gutes Bildnis vorhält ... Das Bildnis ist produktiv ..., es kann den Abgebildeten verändern, es enthält (ausführbare) Vorschläge. (20/168)

Der dialektische Charakter des Bildnisses wird deutlich: einerseits orientiert der Dichter seinen Entwurf
an der Wirklichkeit, andererseits versucht er, die Wirklichkeit durch ein Bildnis zu ändern, das die Produktivität des Menschen weckt und ihn dem geschichtlichen
Fortschritt in Hinblick auf die entworfene Welt verpflichtet. Die moralischen Grundsätze des menschlichen
Lebens setzt er damit in Abhängigkeit vom dialektischen
Gesellschaftsprozeß. Im "Kleinen Organon für das Theater" betont Brecht, daß die Sittlichkeit dieses Jahrhunderts aus seiner Produktivität fließe (16/673), d.h.
aus seiner Verpflichtung gegenüber dem Entwurf, der die
Freiheit aller Menschen zum Ziel hat.

Brecht betrachtet das Bildnis als Ausdruck seiner
Menschenliebe, da es der Gesellschaft Wertmaßstäbe
setzt, die sie dem Zustand der Freiheit und Überwindung
der Entfremdung in der kommunistischen Gemeinschaft näher bringt. In einer "Geschichte von Herrn Keuner" definiert er seine Liebe folgendermaßen:

"Was tun Sie - wurde Herr K. gefragt, wenn Sie einen
Menschen lieben?" "Ich mache einen Entwurf von ihm -
sagte Herr K. - und sorge, daß er ihm ähnlich wird."
"Wer? Der Entwurf?" "Nein, - sagte Herr K. - der
Mensch." (12/386)

Die Lehre der Brechtschen Parabeln besteht in einem solchen Entwurf, der den Menschen die dialektische Struktur
seiner gesellschaftlichen Wirklichkeit als moralisches
Grundprinzip seines Lebens begreifen läßt.

3. Die dramatische Dichtung als existentielle Suche bei Max Frisch.

Während Brecht seinen dichterischen Entwurf zur objektiven Lehre erhebt, geht Frisch davon aus, daß jeder Existenzentwurf nur subjektive Gültigkeit besitzen kann. Er darf nicht von außen an den einzelnen herangetragen werden, sondern muß von ihm selbst von innen geleistet werden. "Entwurf" bedeutet für Frisch eine subjektive Setzung des Menschen, für Brecht ein objektives Gesetztwerden.

Die Annahme, daß der Mensch trotz seiner Begrenzung die Wahl der Selbstverwirklichung hat, unterscheidet den existentiellen Dichter grundsätzlich vom marxistischen. Während Brecht im Menschen ein Wesen sieht, daß von der gesellschaftlichen Situation determiniert und deshalb dem sozialen Entwicklungsprozeß moralisch verpflichtet ist, leitet Frisch die sittliche Verantwortung des einzelnen aus der Möglichkeit seiner Selbstwahl ab.

> Die Würde des Menschen, scheint mir, besteht in der Wahl ... Erst aus der möglichen Wahl ergibt sich die Verantwortung. (Tb 165)

Die Verantwortung des Menschen wird durch den Glauben an seiner Wahlfähigkeit von dem subjektiven Entwurf abhängig gemacht. Der einzelne ist zunächst niemand anderem als sich selbst verpflichtet. Da er sein eigenes Ich jedoch in einer sozialen Umwelt erfährt, ist mit der Selbstverantwortung ein verantwortliches Handeln gegenüber der Gesellschaft verbunden.

Aus der subjektiven Deutung der Begriffe "Entwurf" und "Moral" ergibt sich bei Frisch die Ablehnung des "Bildnisses". Frisch sieht im Bildnis das Gegenteil eines existentiellen Entwurfes. Es fixiert den Menschen von außen und nimmt ihm dadurch die Möglichkeit der Wahl. Während Brecht den Entwurf von produktiven Bildnissen als seine Aufgabe begreift, sieht Frisch gerade umgekehrt, den Künstler dazu verpflichtet, jedes Bild-

nis zu zerstören und die Vielfalt der menschlichen
Existenzmöglichkeiten freizusetzen.

> Du sollst dir kein Bildnis machen, heißt es, von
> Gott. Es dürfte auch in diesem Sinne gelten: Gott
> als das Lebendige in jedem Menschen, das, was nicht
> erfaßbar ist. Es ist eine Versündigung, die wir, so
> wie sie an uns begangen wird, fast ohne Unterlaß
> wieder begehen - ausgenommen, wenn wir lieben ...
> Die Liebe befreit aus jeglichem Bildnis ... (Tb 37)

Die Anerkennung der lebendigen Vielfalt des Menschen als
einer Voraussetzung für seine subjektive Selbstwahl wird
von Frisch als Ausdruck der Liebe verstanden. Indem der
Dichter zur Beseitigung der Vorurteile beiträgt, öffnet
er dem Menschen die Möglichkeit eigener Wirklichkeitserfahrung und einer Suche nach der Identität.

In der Liebesauffassung wird der Gegensatz der
beiden Dichter Brecht und Frisch noch einmal deutlich:
Brecht glaubt den Menschen zu lieben, indem er sich ein
Bildnis von ihm macht; Frisch hält die Zerstörung jeglichen Bildnisses für den Ausdruck seiner Menschenliebe.

B. Zusammenfassung

Die Erprobung der Existenzerfahrung des Dichters
als Suche nach der künstlerischen Identität.

Dem politisch engagierten Theater Brechts entnimmt
Frisch die dramatische Technik, einen Kontakt zur Gesellschaft herzustellen und den Zuschauer zum Teilneh-
mer seines Bewußtseinspiels zu machen. Dabei sieht er
im Publikum jedoch nicht den Schüler wie Brecht, sondern
den Partner, an dessen Zustimmung oder Ablehnung er seine Existenzerfahrung erprobt. In der Offenheit einer
Begegnung von Dichter und Gesellschaft sieht Frisch die
Voraussetzung für seine dichterische Identitätssuche,
denn nur die immer neue Erfahrung seiner Selbst in der
Öffentlichkeit verhindert eine literarische Fixierung

und läßt ihn nach neuen Ausdrucksmöglichkeiten seiner
Identität suchen.

Der Schriftstellertypus, den Frisch als eine Vereinigung der beiden Extreme des isolierten und des ideologisch engagierten Künstlers vertritt, ist der des Intellektuellen (1), der am Geschehen seiner Zeit teilnimmt
und sich seiner Verantwortung gegenüber der Gesellschaft
bewußt ist, aus seinem Wissen jedoch keinen Führungsan-
spruch ableitet, sondern seine Umwelt um Partnerschaft
bittet, um sie an seiner Identitätssuche teilnehmen zu
lassen.

---

1) Vlg. Einleitung

Literaturverzeichnis
==

I. Primärliteratur

A. Max Frisch

1. Stücke

Stücke I,
Santa Cruz, Nun singen sie wieder, Die Chine-
sische Mauer, Als der Krieg zu Ende war, Graf
Öderland.
Frankfurt 1962

Stücke II,
Don Juan oder die Liebe zur Geometrie, Bieder-
mann und die Brandstifter, Die große Wut des
Philipp Hotz, Andorra.
Frankfurt 1962

Biografie. Ein Spiel.
Frankfurt 1967

2. Prosa

Bin oder die Reise nach Peking.
Zürich 1945

Tagebuch mit Marion.
Zürich 1947

Tagebuch 1946 - 1949.
Frankfurt 1950

Stiller. Roman.
Frankfurt 1954

Homo Faber. Ein Bericht.
Frankfurt 1957

Ausgewählte Prosa.
Frankfurt 1963, ed. suhrkamp 36

Mein Name sei Gantenbein. Roman.
Frankfurt 1964

3. Reden und Aufsätze
   Die andere Welt,
   Atlantis 1945, H.1/2, S.2-4

   Zu Bert Brecht: Furcht und Elend des Dritten
   Reiches,
   Schweizer Annalen 3 (1946/47) S. 479-484

   Drei Entwürfe zu einem Brief nach Deutschland,
   Die Wandlung 1947, H.6, S.478- 483

   Kultur als Alibi,
   a) Der Monat 1 (1949) S.82-85
   b) in: Öffentlichkeit als Partner, Frankfurt
      1967, ed. suhrkamp 2o9, S.15-24

   Unsere Arroganz gegenüber Amerika,
   a) Neue Schweizer Rundschau 1952/53, S. 584ff
   b) in: Öffentlichkeit als Partner, Frankfurt
      1967, ed. suhrkamp 2o9, S. 25-35

   Nachtrag zum transatlantischen Gespräch,
   Der Monat 5 (1953) S. 537-54o

   Zur Chinesischen Mauer,
   Akzente 2 (1955) S. 386- 396

   Brecht als Klassiker,
   Die Weltwoche 24.8.1956

   Nachbemerkungen zu "Biedermann und die Brandstifter",
   Programmheft zur Züricher Uraufführung 29.3.1958

   Emigranten. Rede zur Verleihung des Georg-Büchner-
   Preises 1958,
   in: Öffentlichkeit als Partner, Frankfurt 1967,
   ed. suhrkamp 2o9, S. 36-55

Öffentlichkeit als Partner, Rede zur Verleihung des
Literaturpreises der Stadt Zürich,
a) Die Weltwoche 19.12.1958
b) in: Öffentlichkeit als Partner, Frankfurt 1967,
   ed. suhrkamp 2o9, S. 56-67

Geschichten,
a) Die Weltwoche 4.11.1960
b) in: Ausgewählte Prosa, Frankfurt 1963, ed. suhrkamp 36, S.8-11

Don Juan. Nachträgliches zu einem Stück.
in: Stücke II, Frankfurt 1962, S. 313-321

Andorra,
Die Weltwoche 24.11.1961

Werkstattgespräch mit Horst Bienek,
in: Werkstattgespräche mit Horst Bienek, München
1962, S.23ff

Der Autor und das Theater. Rede zur Eröffnung der
Dramaturgentagung in Frankfurt 1964.
in: Öffentlichkeit als Partner, Frankfurt 1967, ed.
suhrkamp 2o9, S.68-89

Ich schreibe für Leser,
in: Dichten und Trachten 24 (1964) S.7-23

Schillerpreis-Rede. Rede zur Verleihung des "Großen
Schiller-Preises des Landes Baden-Württemberg" in
Stuttgart,
in: Öffentlichkeit als Partner, Frankfurt 1967,
ed. suhrkamp 2o9, S.90-99

Erinnerungen an Brecht,
Kursbuch 7 (1966) S.54-79

Endlich darf man es wieder sagen,
a) Sprache im technischen Zeitalter 22 (1967) S.1o4ff
b) in: Öffentlichkeit als Partner, Frankfurt 1967,
   ed. suhrkamp 2o9, S.124ff

Noch einmal anfangen können, Interview mit Dieter
E. Zimmer,
Die Zeit 22.12.1967

Demokratie ohne Opposition,
Die Weltwoche 11.4.1968

Blick nach Osten,
Die Weltwoche 24.5.1968

B. Bert Brecht

1. Gesamtausgabe
Gesammelte Werke in 2o Bänden, Frankfurt 1967,
werkausgabe ed, suhrkamp.

II. Sekundärliteratur

A. Zu Max Frisch

1. Bibliographien
Falkenberg,Hans-Geert - Max Frisch. Bibliographie.
in: Blätter des Deutschen
Theaters in Göttingen 7
(1956/57) H.2,S.18o-184

Petersen,Klaus-D. - Max Frisch Bibliographie.
in: Edouard Stäuble:Max
Frisch, St. Gallen 1967[3]
S.244-27o

2. Gesamtdarstellungen
Bänziger, Hans - Frisch und Dürrenmatt,
Bern 196o

Brock-Sulzer,Elisabeth- Max Frisch,in: Welttheater
hgg.v.S.Melchinger u.H.
Rischbieter, Braunschweig
1962,S.566-568

Dietrich, Margret — Max Frisch.in: Das moderne
Drama, Stuttgart 1961, Kröner
Tb 22o, S.125-128

Duwe, Wilhelm — Max Frisch. in: Deutsche Dichtung des 2o. Jahrhunderts,Bd.II,
Zürich 1962, S.435-452

Fechter, Paul — Max Frisch. in: Das europäische
Drama, Bd.III, Mannheim 1958,
S.246f

Hagelstange,Rudolf — Verleihung des Georg-Büchner-
Preises an Max Frisch. Rede auf
den Preisträger, in:Jb. der
Deutschen Akademie f. Sprache
und Dichtung in Darmstadt 1958,
S.154-157

Horst, Karl-August — Notizen zu Max Frisch und Friedrich Dürrenmatt, Merkur 8 (1954)
H.6, S.593ff

Horst,Karl-August — Max Frisch.in: Kritischer Führer
durch die deutsche Literatur
der Gegenwart, München 1962,
S.154-157

Jacobi, Johannes — Der Anti- Brecht, Die politische
Meinung 2 (1957) H.8,S.93f

Jacobs, Wilhelm — Max Frisch. in:Moderne deutsche
Literatur, Gütersloh o.J.,S.128ff

Karaseck, Hellmuth — Max Frisch, Hannover 1966,
Friedrichs Dramatiker des Welttheaters 17;

Kesting, Marianne — Max Frisch.in: Handbuch der
deutschen Gegenwartsliteratur,
hgg.v.H.Kunisch, München 1965,
S.199-2o1

Kesting, Marianne — Max Frisch, Nachrevolutionäres Lehrtheater,in: Marianne Kesting: Panorama des zeitgenössischen Theaters, München 1962, S.219ff

Mann, Otto — Max Frisch, in: Geschichte des Deutschen Dramas, Stuttgart 1963, Kröner Tb 296,S.618f

Mayer, Hans — Dürrenmatt und Frisch, Pfullingen 1963, opuscula 4;

Müller, Joachim — Max Frisch und Friedrich Dürrenmatt als Dramatiker der Gegenwart, Universitas 17 (1962) S.725-738

Petersen, Carol — Max Frisch, Berlin 1966, Köpfe des 2o. Jahrhunderts Bd.44;

Plard, Henri — Der Dramatiker Max Frisch und sein Werk für das Theater der Gegenwart, Universitas 19 (1964) S.9o5-914

Rosengarten, Walter — Max Frisch. in: Schriftsteller der Gegenwart,hgg.v.K.Nonnemann; Freiburg i.Br. 1963, S.1o8-113

Schmid, Karl — Versuch über Max Frisch, Schweizer Annalen 3 (1946/47) Nr.6/7, S.327ff

Stäuble, Edouard — Max Frisch, St. Gallen 1967[3]

Wehrli, Max — Gegenwartsdichtung der deutschen Schweiz, in: Deutsche Literatur in unserer Zeit, Göttingen 1959, S.1o5ff

Ziskoven, Wilhelm — Max Frisch.in: Zur Interpretation des modernen Dramas,hgg.v. R.Geissler, Frankfurt 1961, S.99ff

3. Zu den Stücken

Brock-Sulzer,E.   - Nun singen sie weider, Schweizer
                    Monatshefte 4 (1945) S.68ff

Brock-Sulzer,E.   - Biedermann und die Brandstifter,
                    Die tat 1.4.1958

Dürrenmatt, Fr.   - Graf Öderland. Brief an Max
                    Frisch, in: Hans Bänziger:Frisch
                    und Dürrenmatt, Bern 1967, S.215ff

Esslin, Martin   - Max Frisch: Biedermann und
                    die Brandstifter,in: Das Thea-
                    ter des Absurden, Frankfurt
                    1965, S.211ff

Ignée,Wolfgang   - Biografie: Darf man über Kür-
                    mann lachen?, Christ und Welt
                    9.2.1968

Jacobi, Johannes - Keine politische Botschaft
                    aus der Schweiz. Die jüngsten
                    Dramen von Frisch und Dürren-
                    matt, Die Zeit 9.3.1962

Jacobi, Walter   - Max Frisch: Die Chinesische
                    Mauer. Die Beziehung zwischen.
                    Sinngehalt und Form, DU 13
                    (1961) Nr.4,S.93-1o8

Kaiser,Joachim   - Öderländische Meditationen,
                    Frankfurter Hefte 11 (1956)
                    Nr.6, S.388ff

Korn, Karl   - Graf Öderland, Frankfurter
                    Allgemeine 6.2.1956

Korrodi, Ernst   - Santa Cruz, Neue Züricher
                    Zeitung 2.3.1946

Krapp, Helmuth   - Das Gleichnis vom verfälschten
                    Leben: Andorra, in: Spectacu-
                    lum 5, Frankfurt 1962,S.282ff

Melchinger,S.   - Biedermann und die Brandstifter,
                     Die Zeit 17.4.1958

Pechel, Jürgen   - Nun singen sie wieder, Deutsche
                     Rundschau 71 (1948) H.2,S.164ff

Rüf, Paula   - Don Juan oder die Liebe zur
                     Geometrie, Schweizer Rundschau
                     53 (1953) H.3, S.186f

Schmid, Karl   - Max Frisch: Andorra und die
                     Entscheidung, in: Karl Schmid:
                     Unbehagen im Kleinstaat, Zürich
                     1962, S.169ff

Stössinger, Felix - Max Frisch:Don Juan oder die
                     Liebe zur Geometrie, Die Tat
                     8.5.1953

Weber, Werner   - Max Frisch 1958, in: Zeit ohne
                     Zeit - Aufsätze zur Literatur,
                     Zürich 1959, S.85-1o1

Zimmer, Dieter E. - Der Mann, der nicht wählen konnte-
                     Biografie, Die Zeit 9.2.1968

Ziskoven, Walter   - Nun singen sie wieder, in:
                     Zur Interpretation des modernen
                     Dramas, hgg.v.R.Geissler, Frank-
                     furt 1961, S.1o5ff

Ziskoven, Walter   - Die Chinesische Mauer, in:
                     Zur Interpretation des moder-
                     nen Dramas, hgg.v.R.Geissler,
                     Frankfurt 1961, S.128ff

4. Einzeluntersuchungen
   Bach, Max   - The moral problem of political
                     responsibility:Brecht, Frisch
                     Sartre, Books abroad 37 (1963)
                     H.4,S.378ff

Emmel, Hildegard — Parodie und Konvention: Max
Frisch, in: Das Gericht in der
deutschen Literatur des 2o. Jahrhunderts, Bern 1963,S. 12off

Gerster, Georg — Der Dichter und die Zeit. Notizen über Max Frisch. Neue literarische Welt 3 (1952) Nr.19,S.9

Hoefert, Siegfried —Zur Sprachauffassung Max Frischs,
Muttersprache 73 (1963) H.9,
S.257ff

Holthusen, Hans E. — Der unbehauste Mensch, München
1955

Horst, Karl August — Bildflucht und Bildwirklichkeit,
Merkur 9 (1955) S.19o-193

Wildbolz, Andreas — Analyse und Interpretation der
Zeitstruktur im modernen The-
aterstück, Diss. phil. Wien 1956

Zoll, Rainer — Der absurde Mord in der deutschen und französischen Literatur,
Diss, phil. Frankfurt 1961

B. Zur Theorie des modernen Dramas

Benjamin, Walter — Was ist das epische Theater?
in: Episches Theater, hgg.v.
R.Grimm, Köln 1966, Neue Wissenschaftliche Bibliothek 15, S. 88ff

Bourk, Alfred — Geste und Parabel, Akzente 6
(1959), S.214ff

Dietrich, Margret — Episches Theater? in: Episches
Theater, hgg.v.R.Grimm, Köln
1966, Neue Wissenschaftliche
Bibliothek 15, S.94ff

Ehrlich, Victor — Der Russische Formalismus,
München 1964

Franzen, Erich — Formen des modernen Dramas, München 1961

Geissler, Rolf — Zur Interpretation des modernen Dramas. Brecht, Dürrenmatt, Frisch. Frankfurt 1961

Grimm, Reinhold — Verfremdung. Revue de littérature comparée 35 (1961) S.2o5ff

Grimm, Reinhold — Vom Novum Organum zum Kleinen Organum. Gedanken zur Verfremdung. in: Das Ärgernis Brecht, Stuttgart 1961, S.45-7o

Grimm, Reinhold — Zwischen Tragik und Ideologie, in: Das Ärgernis Brecht, Stuttgart 1961,S. 1o3-125

Hilty, Hans Rudolf — Prolegomena zum modernen Drama, Akzente 1958,S.519-53o

Horst, Karl August — Situation des Dramas, in: Die deutsche Literatur der Gegenwart, München 1957, S.26off

Kaiser, Joachim — Versuch über die Grenzen des modernen Dramas, in: Kleines Theatertagebuch, Hamburg 1965, S. 192ff

Kaufmann, Hans — Geschichtsdrama und Parabelstück. Bert Brecht. Berlin 1962

Kesting, Marianne — Das epische Theater, Stuttgart 1959, urban Tb 36;

Kesting, Marianne — Panorama des zeitgenössischen Theaters, 5o literarische Porträts, München 1962

Klotz, Volker — Geschlossene und offene Form im Drama, in: Episches Theater, hgg.v.R.Grimm, Köln 1966, Neue Wissenschaftliche Bibliothek 15, S.378-382

Kofler, Leo   - Entfremdung und Episches Thea-
          ter, in: Zur Theorie der moder-
          nen Literatur, Neuwied 1964,
          S.27-63

Majut, Rudolf   - Lebensbühne und Marionette,
          Berlin 1931

Mann, Otto   - Weltanschauliche Grundlagen der
          gegenwärtigen Situation des
          Dramas, DU 5, (1953) H.5,S.5ff

Mann, Otto   - Das deutsche Drama des 2o. Jahr-
          hunderts, in: Deutsche Litera-
          tur im 2o. Jahrhundert, Bd.I,
          Heidelberg 1961, S.123ff

Martini, Fritz   - Das Drama der Gegenwart, in:
          Deutsche Literatur in unserer
          Zeit, Göttingen 1959, S.8o-1o4

Martini, Fritz   - Soziale Thematik und Formwand-
          lungen des Dramas, DU (1953),
          H.5,S.73ff

Melchinger, S.   - Theater der Gegenwart, Frankfurt
          1956, Fischer Tb118

Melchinger, S.   - Drama zwischen Shaw und Brecht,
          Bremen 1963

Mennemeier, Franz N.- Das moderne Drama des Auslandes,
          Düsseldorf 1961

Miller, Norbert   - Moderne Parabel? Akzente 6 (1959)
          S.22off

Müller, Joachim   - Dramatisches, episches und dia-
          lektisches Theater, in: Episches
          Theater, hgg.v.R.Grimm, Köln
          1966, Neue Wissenschaftliche
          Bibliothek 15, S.154-196

Rühle, Günther   - Das gefesselte Theater. Vom
          Revolutionstheater zum sozialisti-
          schen Realismus, Köln 1957

Rühle, Günther — Versuche über eine geschlossene
Gesellschaft. Das dokumentarische
Drama und die deutsche Gesell-
schaft, Theater heute 1o (1966)
S.8-11

Schrimpf, Hans-J. — Lessing und Brecht, Pfullingen
1965, opuscula 19;

Schrimpf, Hans-J. — Das Bild des Menschen im zeitgenössischen Drama, in: Fest-
schrift für Jost Trier, Meisen-
heim 1954, S.318ff

Szondi, Peter — Theorie des modernen Dramas,
Stuttgart 1963

Vietta, Egon — Dokumentation zum Darmstädter
Gespräch 1955 : Theater, Darm-
stadt 1955

Wirth, Andrzej — Über die stereometrische Struktur der Brechtschen Stücke, in:
Episches Theater, hgg.v. R.
Grimm, Köln 1966, Neue Wissenschaftliche Bibliothek 15, S.197ff

Ziegler, Klaus — Das moderne Drama als Spiegel
unserer Zeit, DU 13 (1961)
Nr.4, S.5-24

C. Zur Literatursoziologie

Beiß, Adolf — Das Drama als soziologisches
Phänomen, Braunschweig 1954,
Schriftenreihe der pädagogischen
Hochschule Braunschweig;

Benjamin, Walter — Das Kunstwerk im Zeitalter seiner technischen Reproduzierbarkeit,
Frankfurt 1963

Emrich, Wilhelm — Geist und Widergeist, Frankfurt 1965

Fügen, Hans Norbert— Die Hauptrichtungen der Literatursoziologie und ihre Methoden, Bonn 1964

Hilsbecher Walter — Zeitalter des Fragments, in: Zeitalter des Fragments, Baden 1964, Reihe:Literatur in unserer Zeit, S.229ff

Jens, Walter — Literatur und Politik, Pfullingen 1963, opuscula 8

Kohlhase, Norbert — Dichtung und politische Moral. Eine Gegenüberstellung von Brecht und Camus, München 1965

Krüger, Horst — Der Schriftsteller in der Opposition, in: Literatur zwischen links und rechts, München 1962, S.7ff

Lange, Victor — Ausdruck und Erkenntnis. Zur politischen Problematik der deutschen Literatur seit dem Expressionismus. Neue Rundschau 1 (1963) S.93-1o8

Löwenthal, Leo — Literatur und Gesellschaft, Neuwied 1964

Ludz, Peter — Marxismus und Literatur, Eine kritische Einführung in das Werk von Georg Lukacs, in: Literatursoziologie, Neuwied 1961, S.18ff

Lukacs, Georg — Zur Soziologie des modernen Dramas, Archiv f. Sozialwissenschaften und Sozialpolitik 38 (1914) S.3o3-674

Muschg, Walter — Der Dichter und sein Ruhm,
Universitas 5 (1950) S.393ff

Noak, Paul — Die Angst vor der Tradition,
in: Literatur zwischen links und
rechts, München 1962, S.31ff

Rothe, Wolfgang — Der Schriftsteller und die
Gesellschaft, in: Deutsche Literatur im 2o. Jahrhundert, hgg. v.
O.Mann u. H. Friedemann, Heidel-
berg 1961, S.179ff

Schmiele, Walter — Freiheit und Engagement, in: Zeit-
alter des Fragments, Baden 1964
Reihe Literatur in unserer Zeit
S.211-228

Wiese, Benno v. — Der Künstler und die moderne
Gesellschaft, mosaik 18, Frank-
furt o.J. S.3-8

D. Zur Philosophie

1. Marxismus

Bloch, Enrst — Entfremdung, Verfremdung, in:
Verfremdungen I, Frankfurt 1962,
S.81ff

Fetscher, Iring — Die Anthropologie des jungen
Marx und der Begriff der Ent-
fremdung, in: Von Marx zur
Sowjetideologie, Frankfurt 1963,
S. 12-18

Fischer, Ernst — Entfremdung, Dekadenz, Realismus,
Sinn und Form 5/6 (1962) S.816ff

Fischer, Ernst — Kunst und Koexistenz, Hamburg
1966

Löwith, Karl — Von Hegel bis Nietzsche. Marx und Kierkegaard, Stuttgart 1964

Löwith, Karl — Weltgeschichte und Heilsgeschehen, Stuttgart 1953

Lukacs, Georg — Die Entäußerung und ihre Rücknahme ins Subjekt, in: Die Eigenart des ÄsthetischenI., Neuwied 1963, S.532ff

Popitz, Heinz — Der entfremdete Mensch, Basel 1953

Sartre, Jean-Paul — Marxismus und Existentialismus, Hamburg 1964, rde 196

2. Existentialismus

Abbagnano, Nicola — Philosophie des menschlichen Konflikts. Eine Einführung in den Existentialismus. Hamburg 1957, rde 43

Camus, Albert — Der Mythos von Sisyphos. Ein Versuch über das Absurde. Hamburg 1962⁵,rde 9o

Friemond Hans — Existenz in Liebe nach Sören Kierkegaard, München 195o

Grassi, Ernesto — Was ist Existentialismus? in: N. Abbagnano: Philosophie des menschlichen Konflikts, Hamburg 1957, rde 43, S.73ff

Lewalter, Christian- Der weltlose Mensch. Betrachtungen zu Albert Camus, Merkur 4 (195o) S.1317-132o

Löwith, Karl — Von Hegel bis Nietzsche. Marx und Kierkegaard. Stuttgart 1964

Rehm, Walter   - Kierkegaard und der Verführer,
                        München 1949

Richter, Lieselotte- Camus und die Philosophie in
                        ihrer Aussage über das Absurde,
                        in: A.Camus:Der Mythos von
                        Sisyphos, Hamburg 1962, rde 9o,
                        S.113-141

Sartre, Jean-Paul - Marxismus und Existentialismus,
                        Hamburg 1964, rde 196;

GÖPPINGER ARBEITEN ZUR GERMANISTIK

herausgegeben von

Ulrich Müller, Franz Hundsnurscher und Cornelius Sommer

LITTERAE

Göppinger Beiträge zur Textgeschichte

herausgegeben von

Ulrich Müller, Franz Hundsnurscher und Cornelius Sommer

In Vorbereitung oder Planung befinden sich ferner entsprechende Bände zur GOTISCHEN BIBEL, zur EDDA, zum FRÜHEN DEUTSCHEN MINNESANG, zu SPERVOGEL, zum BRUDER WERNER, zum „MORITZ VON CRAUN", zum „EREC" HARTMANNS VON AUE, zum „PARZIVAL" (Querschnitt durch die Überlieferung), zum „TRISTAN" (Querschnitt durch die Überlieferung), zum „NIBELUNGENLIED" (Querschnitt durch die Überlieferung), zu ULRICH VON LICHTENSTEIN, zu KONRAD VON WÜRZBURG, zum REINHART FUCHS, zu HEINRICH SEUSE, zu MICHEL BEHEIM, zu HANS SACHS, sowie weitere Bände zu NEID-HART und OSWALD VON WOLKENSTEIN (Hs. A) u.a.m.

- Für weitere Anregungen sind Verlag und Herausgeber stets dankbar -